ヤマケイ文庫

山なんて嫌いだった

Ichige Yoshie
市毛良枝

YL
Yamakei Library

山なんて嫌いだった

目次

5 女優と「私」

写真提供＝綾野 真、庵 政志、内田 修、小川清美、
九里徳泰、小川香織、久保田賢次

1 初めての山

運動嫌いの私が

九月のまだ月浅いある日、私は父の最期を看取ってくださった病院の先生のところにお礼にうかがっていた。

私の父は一九八八年十二月十九日、二カ月の短い入院生活の末、八十四年の人生を閉じた。六十年以上現役の医者として働いて、晩年のほんの数年に母と旅行をしたのが唯一の遊びだったといってもいいほど謹厳実直な人生だった。医者として働かせてもらった恩返しにと、父は永久献体を言い残していた。

亡くなった日の翌朝、某大学医学部研究室からの迎えの車に横たわる父を、温かく穏やかな木漏れ日の中、静かに見送った。それが現実の世界での、父との最後の別れだった。

この日は看取っていただいた先生に、同じ医者として、父の最後の姿を知っておいていただきたくて解剖結果の報告を兼ねていた。

父の死からはもう一年以上の月日が過ぎていたのでこちらも落ち着いていて、解剖の結果を報告しながら、入院中の話などに花が咲いた。検査の合間や、先生の診察のすいたときに専門の肝臓学や趣味の山登りの話をうかがったのも、いい思い出になっていた。

ひとしきり思い出話が弾んだあと、

「先生、今度看護婦さんたちと山に行かれるときには私も連れていってください」

と、言っていた。

このときの自分の気持ちを、今、じっくり思い出そうとしてみても、本当に行きたかったのか、ただ社交辞令で言ったのかはっきりとはしない。しかし、先生がその場で手帳を出されて、

「九月に二回連休があるけど、あなたはどちらがおひまかな?」

と聞かれたときには、もう、我々の世界の通例のように「今度ね」とか、「いつかね」とうわべだけの返事ですましてはいけないような気になっていた。なぜか、絶対に時間を作ってこの方たちと山に登ろうと思った。

「即答はできませんけど、必ずどちらかの休みに時間を作ります」

と約束して、その場を辞した。

しばらくして、先生から連絡があり、その月の秋分の日の連休に、北アルプスの燕《つばくろ》岳（二七六三メートル）と常念《じようねん》岳（二八五七メートル）に登ることが決まった。


私は十二歳で伊豆の両親の元を離れた。東京の中学校に通うために、叔母の家や学校の寄宿舎などに住み、再び両親と暮らすまでの長い年月、ずっとひとり暮らしをしていた。都会にはすぐなじみ、新幹線が東京駅を離れるやいなや「ああ、東京に戻りたい」と思うほど東京が好きだった。そして、田舎は嫌いだった。しかも、スポーツを好きだと思ったこともなかった。いや、大嫌いだった。

小学生のときも体が弱かったので、今でいう「登校拒否児童」のようなものだったと思うが、熱を出して休むとか、朝礼で立たされれば必ず倒れて保健室で寝ているとか、体育どころではなかった。運動と名のつくものはすべて嫌いだった。

東京の中学校に入学しても、女子校だったせいもあるのだが、体育の授業に積極的になることはなかった。友人たちといつもプールサイドで授業をさぼっていた。

クラブ活動も、花形のテニス部なんて「疲れちゃいそうで冗談じゃない」。ただ一番楽そうだから、形だけ演劇部に所属していた。

そんな私のすべてを知る友人たちが、「山に登るの。ハイキング程度だけど山小屋にも泊まるの」と言う私を、信じられないものを見るように、あきれて見つめていても無理のないことだった。以前から、努力とか根性とか、額に汗するといったイメージを忌み嫌い、「体育会系の人ってなんだか押しつけがましい感じがして嫌よね」と平然と言い放っていたのである。

それなのに、「山へ連れていってください」と言ったのは、確かに私だった。

一九九〇年九月二十一日、夜行列車に乗って大糸線穂高駅に着き、そこからバスに乗り換えて登山口の中房温泉に到着した。ひさしぶりの早起きで、頭はまだしびれていてなにも考えられなかった。あたりは薄暗いのに、たくさんの人が思い思いに登山の支度をしていた。私たちも水をくんだり、荷物を分担したり、メンバーを紹介し合ったりと、なかなか忙しかった。

庵政志先生をリーダーに、先生の奥様、山本婦長さんご夫妻、父の病室担当だった看護婦さん、一緒に父を最期まで看てくださった若い先生をはじめお医者さん数名、そんて看護婦さんたち。婦長さんのご主人は山のベテランらしく、十名を超えるメンバーの最後尾についてほしいと先生に頼まれていた。心強いパーティである。

「市毛さんは私のあとについて」

と、庵先生が言い、私、奥さんという順番で歩き始めた。

ところがいきなり、前の人の足の裏だけを眺めるような急な登りが始まったのだ。えっ？　ハイキング程度じゃなかったの？　と思ってももう遅かった。あとからどんどん仲間が上がってくるから止まるわけにはいかない。ゼーゼー、ハーハーしながら、慣れないザックに体が後ろに引っ張られそうになっても必死に登った。

もういい加減疲れたなと思って時計を見ると、まだ三十分もたっていない。

ああ、もうダメ、と思うころ、やっと先生の「ちょっと休もうか」という一声。

「あー！　よかった」

「でもあんまり休むとかえって疲れるから、荷物は置かないで。ちょっとアメをなめるとか、水をひと口飲むとかにしてください」

「へえ、そんなものなの？」

まったく知らないことばかりである。

第一ベンチ、第二ベンチと辛かった登りも、ひと休みするごとに、アメだったり、水だったり、ときにはサーっと吹き抜けていく風などに慰められて、また歩き始めるときには辛さを忘れていることに気づいた。すれ違う人たちはとても自然に声をかけてくれる。私が買いたてほやほやのホーローの水筒に入れた水を、これも買いたてのシェラカップに移して飲んでいたら、見知らぬ人が「その水筒だったら直接口をつけて飲まないとカッコ悪いよ」と教えてくれた。

ラッパ飲みなんてお行儀が悪いと言われて育った旧世代でもあり、多少のためらいもあったけれど、やってみるとなんだか大冒険をしたようにすがすがしい気分だった。

見知らぬ者同士が普通に話ができる雰囲気も嬉しかった。

この登山に来るまでの二週間、私は未知の世界にあわただしく入り込んでいた。

仕事場のスタッフが、よく上下に分かれた雨具や、ポケットのたくさんあるベストを着ていたのを知ってはいた。「不思議なものがあるんだな、便利そうだな」と思っても、私が買い物に行くエリアでは見たこともなかったのだ。それがアウトドアウェアであることを今回初めて知った。

山に行くとは決まったが、なんの方法論もない私はなにをどうすればいいのか、どこでなにをすればいいのか、なにひとつとして分からなかった。庵先生から送っていただいた連絡表には、コースを書いたものと、道具の指示を書いたリストがあって、それには「最低限、靴とレインウェアだけはいい物を買ってください」とあった。

そう言われたって、なにが良くてなにが良くないかも分からない。しかたなく、すすめられたアウトドアショップへメモを握りしめて行き、

「すみません、初めて山に登るんですけど、なにを買ったらいいでしょう？」と、聞くと、「今回限りですか？　それとも続けますか？」

と、聞かれる。そんなこと、行ってみなきゃ分からないでしょう。

なんだかんだとやりとりするうちに、店のお兄さんがすっかり燃えてくれて、

「揃えちゃえば続くもんだから、この際全部揃えましょう」

とかなんとか……。

そのとたんに、私にはなんの決定権もなくなって、

「ズボンはやっぱりニッカだな！」

「ええっ！　ニッカーボッカー？　うーん、カッコ悪いなあー」と内心思っていたのにである。


靴下や帽子やレインウェアの色も、できれば地味なのが……とつぶやいたものの、「山はやっぱり目立ったほうがいい！　女性は可愛い物を着なくちゃ！」とまったく無視されて、靴、黒地に赤のザック、黄色のレインウェア、ワインカラーのニットのシャツにニッカーボッカー、赤いロングソックス、赤い可愛い水筒にシェラカップ、と、あっという間にひと揃いでき上がった。


合計約十二万五千円也。正直いってどうしようと思った。だって、もしかしたら二度と行かないかもしれないのに、この値段はかなり高いじゃないですか。だけど、ニコニコしている彼の顔を見たら、この色じゃないものをとも、ニッカーボッカーじゃイヤだとも、もっと安いのがイイとも、もう言えなかった。覚悟を決めてお金を払うと、彼は自分が登った山の写真なんかを見せてくれ、

「こんなとこもいいですよ、まあ楽しんでいらっしゃい！」

大きな袋を二つ抱えて呆然。やっぱり、ニッカーボッカーもチェックのシャツも素敵とは思えなかった。

もっと高度を上げていくと、風に吹きさらされている岩の割れ目に、小さな高山植物が愛らしい花をつけていたりする。それだけで辛さなんか吹っ飛んでいった。面白い雲の形、吹き過ぎる一陣の風、見え隠れする槍ヶ岳の雄姿。感動にはこと欠かない。

なかば強制的に買わされたニッカーボッカーとウールのシャツも実際山登りしてみると、丈の短いニッカーとロングソックスの組み合わせは裾さばきが抜群で、膝も腰も余裕があって動きやすい。シャツも保温性や吸湿性に優れていて、どちらも理にかなっていることが分かった。

荷揚げ用ケーブルが上を走っている登山道を行き、合戦《かっせん》小屋で小休止。六、七十代、いやもっと上の八十代とも思われる人たちの元気なこと。平地では高齢者と呼ばれる世代の人たちも、山では中高年とひとまとめに呼ばれているそうだが、とにかく元気な人がたくさんいて、私なんかまだまだ〝子供〟だった。

稜線に出ると今夜の宿である燕山荘《えんざんそう》が見えてきた。見えたと喜んだのもつかの間、そこからが長かった。池袋駅からサンシャインビルを目指して歩くとき、見えているのにビルがいっこうに近づいてこないといつも感じるが、あの感じとよく似ていた。それでも槍ヶ岳をバックに写真を撮ったり、みんなと話をしているうちに、さっきの辛さはどこへやら。歩くのがすっかり楽しくなっていた。

燕山荘の前で昼食の準備を始めたが、あとのグループがまだ着いていない。十名ちょっとの私たちのグループは、いつの間にか二つに分かれており、夜勤明けで参加した看護婦さんのグループが少し遅れていた。

そこで、数人で迎えにいこうということになり、しばらく下りたところで合流した。疲れている人のザックを持ってあげて登り返しながら、他人の迷惑にだけはならないようにと思っていた私が、思いがけなく人を助けていたことに気がついた。いきなり、なんともいえない喜びが、心の奥底からわき上がってきた。

みんなでお昼をすませてから燕岳の頂上へと向かった。

ごろごろした石ころの道を行くと、稜線の東側が雲海に広くおおわれ、雲の上に観音様のようなものが見える。

「先生、あれなんですか？」

「おー、ブロッケン現象だ」

太陽を背にして雲海に自分の姿が映ると、影は虹の輪に囲まれたような形になり、自分が動くと像も動く。日本なら観音様、西洋ならマリア様というところか。そんな現象をブロッケン現象、もしくはブロッケンの怪というそうだ。いきなり、おごそかな気持ちになってしまうような、そんな光景に出くわした。

「おねえちゃん、運がいいねえ。おじさんも何年も登ってるけど二、三回しか見たことがないよ」

通りかかったガイドさんが声をかけてくれる。

「うん？　おねえちゃん……、ウーン、まっ、いいか！」

都会ではまだまだ早い時間に小屋に入って、早めの夕食をとった。

たくさんの人をさばくためか、食事は交代制だった。私たちは、かなり大勢の団体でもあり、先生が個室を頼んでおいてくださったので、見知らぬ人と隣り合わせで寝るということはなかったけど、大勢がごちゃっと寝る山小屋の雰囲気は修学旅行以来か？　想像していたより楽しかった。

トイレに行ってもまた新しい発見。「暗いからヘッドランプをつけて行きなさい」と言われ、ひさしぶりに夜は暗いという当たり前のことを再確認した。

流しには「水は大事に使ってください」と張り紙があり、コップ一杯の水で歯磨きと洗顔ができることを知った。都会で垂れ流すように電気や水を使う他人を横目に見て、良くないと思いながらも口には出せずにいたのだが、やっぱりそれは間違っていると確信した。どんなに便利になっても守らなければいけないルールはある。山を下りても、電気や水はあって当たり前ではなく、貴重なものなのだと自分に戒めながら暮らそう。そんなオーバーな決意をした。

翌朝は四時半ごろに起き、小屋の前でご来光を仰いだ。オレンジ色に染まる雲海の向こうに遠く富士山まで望め、心洗われるようなその景色を神聖な気持ちでしばらく見入っていた。

そろそろ行動開始。山の一日はすべてが前倒しで進められる。

朝焼けがきれいに見えた日は雨が降るといわれるそうだが、そのとおりになってしまい、途中からしとしとと降り出した。雨具を着たり、暑くなったら脱いだり、状況に合わせてリーダーの号令のもとにすばやく行動する。雨具を出しやすいところに入れておいたり、脱いだものはすばやく水を切り、しまいやすくきちんとたたんだり、次に出しやすいようにザックにしまうなど、すべてが初体験の私には、こんなことまで楽しくてしかたがなかった。

雨だとむしむしと暑くて辛いが、たまにサーっと晴れて、雲の合間に青空が見えたりするとそれだけで、もう蒸し暑かったことなど忘れてしまう。登山道には鎖のついた岩場、ハイマツの下の雷鳥、コマクサの群生などなど、面白いこと、楽しいことが必ず待っていて、まったく飽きることがなかった。

常念小屋に泊まって、翌日は一ノ沢に下山。まるで夢のような数日だった。

これが登山だという認識も、登山はスポーツだという認識もなかった。それまでは高所を目指したり、ザイルやピッケルを使って岩山や雪山に登ること、つまりエベレストのような山に登ることを登山だと思っていた。自分は歩いて登っただけ。ただ歩いただけなのにとにかく楽しかった。なにがそんなに楽しかったのだろう？

麓で温泉に入って数日ぶりの垢を落とし、しみじみとした幸せを感じていた。この幸せは、毎日義務のように入るお風呂では決して感じることはできない。本当の

初登山は燕ー常念岳の縦走だった
この山行は、その後の生き方を変えるほどの影響を私に与えた

幸せって、こんなささいなことなのだろうか。

山に惹かれたのはなぜか？　という答えはまだみつからなかったが、小さな幸せをたくさん抱えて、爽やかな気持ちで帰途についた。

九月を過ぎれば山は冬支度に入ってしまい、冬山登山などはまだまだ無理な初心者の私にとって、登山シーズンは終わったようなものだった。

しかし、山登りの楽しさに目覚めてしまった私は、「来年までどこへも行けない」と、ちょっと淋しく思っていた。ところが、なんと、私の心境を察していたかのように山のベテランの先生たちからまたお誘いがあった。

「次は晩秋の北八ヶ岳に行きましょう」

そしてその次は、箱根の金時山（一二一三メートル）と近郊の山にいくつか続けて行くことになった。この数回の山行きで、当時七十三歳の母も山岳デビューした。

北八ヶ岳ではピラタス横岳ロープウェイが強風で止まっていて、しかたなくその下を歩いたので、坪庭や縞枯《しまがれ》山は見たけれど結局、横岳（二四八〇メートル）までは着けなくて、下山の途中から最終のバスに間に合わせるために全速力で走り、やっとバスに飛び乗った。お風呂にも入れる余裕の行程だったのに、残念ながら温泉の看板をバスの窓から淋しく見つめて東京に戻った。

金時山はみんなで下ごしらえした食材を分担して持ち、大きな鍋をザックにくくりつけて登り、金時小屋近くで豚汁を作った。十二月の金時山は小雪が降ってきて、とっても寒かったけれど、震えながら食べた豚汁はどんな高価なご馳走よりおいしかった。食欲が道連れだと重い荷物なんかまったく苦にならないものだ。

天候次第だが、冬とはいっても歩いているときは結構暑い。知らないからいっぱい着込んで歩き、途中でどうやって脱ごうかと四苦八苦するひと幕もあった。ところがひとたび休むと膝ががくがくするほど寒く、薄い物を何枚も重ねて脱ぎ着がしやすいようにしておくのがこつだと学んだ。

長い間忘れていたが、体を動かすというのはすごいことだ。歩けばいっぺんに温かくなる。高い山も面白いけれど、低い山にも違う楽しみがたくさんあって本当に素晴らしかった。

「山ってこんなところがいいですよ」とは、まだまだ自信をもって言えなかったが、ますます山を好きになっていた。そんな、こんなで、一九九〇年は終わった。

エベレスト・ママさん

山に魅せられてから二年くらいはたっていただろうか。

母の日の特集番組で、頑張っている日本のお母さんたちを取材することになった。私は司会と、番組の中の一コーナーを受け持ち、登山家の田部井淳子さんにお話を聞く機会を得た。

待ち合わせ場所の箱根旧街道の入口に現われた彼女は、思いがけないほど軽装だった。

「息子の学校のトレパンと、娘のお下がりのシャツなの」

と言った田部井さんは、女性で世界初のエベレスト登頂者という、私たちが勝手に抱くイメージとはほど遠いものだった。

容姿も、女優の中でも小柄なほうの私とさほど変わらず、華著な女性だった。あるイメージでとらえられるのは女優も同じだが、私たちは勝手に登山家なる女性像を作り上げているように思う。

　春の一日、箱根の旧街道を田部井さんと一緒に歩いた。初めて会ったときも、歩いているときも、彼女はまったく普通の女性だった。実に淡々とさりげなく山の楽しさを言葉にしてくれ、「そうなの、そうなの、私が思ったのもそういうことなの」ということばかりだった。

　七大陸最高峰を含む世界屈指の山々を登頂している田部井さんと、日本のそのへんの山を数カ所登っただけという私とでは、天と地ほどの違いはあったが……。

「田部井さんが登られるような山とは全然別ですが、私にとって山は裏山の延長線の楽しさで、なぜか分からないけど三〇〇〇メートル近い山でも楽しさは一緒だったんです」

なんて私が言うと、

「そうなの、そうなの、私もね、裏山もエベレストも一緒なの」

などとおっしゃる。

「いーや！　北アルプスとエベレストは違う。北アルプスは歩いて登れたけどエベレストは特別の技術がなければ登れない山、やっぱり特別の人が登る山よ」

もちろんそのとき私は、こう心の中でつぶやいていた。しかし、そんな私の気持ちを知ってか知らずか、

「どんな山も一歩一歩なのよ。一歩、一歩、足を前に運びさえすれば、八〇〇〇メートルの山だって登れるのよ」

「やりたいと思ったことはやればできるの。やりたいのにできないと言っている人は、本当にやりたいわけではないのよ」

田部井さんの口からは、気負いもてらいもなくさらさらと言葉が飛び出してきて、ただただ圧倒されるばかりだった。どれほど、「いーや違う」と否定しても、田部井さんの言葉は私が思っていて言葉にできずにいた気持ちと、まったくといっていいほど一緒だった。

今にして思うと、彼女のことを聞いたというよりは、山を始めたばかりでなにがそんなに楽しいのか、自分でも気持ちの整理ができていない部分をひたすら彼女にぶつけ、質問責めにしていたような気がする。

体が弱かった少女時代、初めて先生に連れられて登った那須の山で、それまで思っていた山とまったく違う山を見て、

「世界には自分の知らない、いろんな場所があるんだろうなあ。行ってみたいな」と思った話など、山にまつわるたくさんの話を聞きながら歩いた。

ほのかに温かい夕焼けの日差しを浴びながら、関所を抜けて芦ノ湖畔に到着し、湖畔のホテルで彼女の人生についてインタビューするころには、田部井さんの人柄にすっかり魅了されていた。以来、密かに彼女を「人生の師」と仰いでいる。

それからしばらくして、「エベレスト・ママさん」というドラマの主役を私にという話が舞い込んだ。もちろんエベレスト・ママさんとは田部井さんのことである。ほかならぬ田部井さんを演じられるというのだ。嬉しかった。こんなこと長い女優生活でも初めてのことだった。雑誌の取材などで「やりたい役は」とよく聞かれるが、やりたいと思っていた役に自分が当たる確率などまれなことなので、いつの間にかそんな夢を抱かなくなっていたのだ。しかし今度は違っていた。

ところが予定していた番組の枠がなくなって、その企画が宙に浮いてしまった。

これもよくあることなのだが、企画そのものはそのまま、いずれちょうどいい時間帯を見つけて制作に入るという。しかし、企画が再考されたときには違う俳優で作られるなんてこともある。やはりダメかもしれないとあきらめかかったけれど、

「田部井さんは絶対私がやりたい。これだけは、ほかの人にやってほしくない」と、大事に企画書をしまい込んだ。

案の定、紆余曲折あって、一度はほかの俳優でドラマ化されるらしいという話も聞いたが、やっと、一九九三年六月放映の花王ファミリースペシャルで、一時間ずつ二回のドラマになった。

実在人物ということで衣装合わせは入念に行われた。

撮影初日、まずはお宮参りのシーンから収録された。田部井さんのお宅がある川越や、二人のお子さんが卒業した学校など、ゆかりの場所で撮影し、ほとんど一日の収録分が終わったころ、

「市毛さん、眼鏡はどうしましょうか?」

と、監督が遠慮がちに聞いてきた。

本当にビックリした。田部井さんはいつも眼鏡をかけていらっしゃるし、エベレスト登頂シーンも実際の映像をお借りしてドラマに盛り込むので、眼鏡は時代考証まで気をつけて選んでいたのだった。その眼鏡を忘れて出てしまったのだ。

私という人間を知らないスタッフは、どうも一見しっかりしているように見える

らしい私の外見から、「きっとなにか考えがあるのであろう」と、聞くのを遠慮したのだそうだ。特にファーストシーンはお宮参りだったので、「着物を着ていたからかけないんだ」「次ではきっと」「いやその次では」と、とうとう一日が過ぎてしまった。

なんということだろう。この一日で撮ったところはすべて別のシーンにつながっていて、突然次のシーンから眼鏡はかけられない。しかも過密スケジュールで撮っているテレビドラマで、眼鏡だけで一日分の撮り直しをするのは大勢の人に迷惑をかけることなので、私は途方に暮れた。

監督の決断で撮影はそのまま続行されたが、田部井さんにも、視聴者の方にも申し訳ないと今でも思っている。恥ずかしい失敗である。

あれから私は仕事の始まりには必ず、「私を信用しないで！ 決してしっかりしてないので、変だと思ったら言ってね」と頼んでいる。

ご主人と出会った谷川岳一ノ倉沢のロケには、田部井さんも岩登りの指導に来てくれた。ブータンから帰ったばかりで、おみやげにポンチュウという竹で編んだお弁当箱のようなものを中身ごとくださった。中身ごとというのがなんとも田部井さんらしい。今でも大事に使っている。

以前、取材のときに田部井さんは「私の人生の大当たりは夫」とおっしゃっていた。

今回も「ご主人役は神田正輝さんです」と報告に来たプロデューサーに、「あら、うちの夫のほうがいい男よ」とおっしゃったとか。

実際にご主人にお会いしてみると「うーん、神田さんには悪いけどそうかもしれない」と思ってしまうほど素敵な方だった。

「人は生きてきた時間しか残せない。ぼくも妻も自分のやったことしか残せない」

「ぼくも山が好き。自分がやりたいことは妻だってやりたくて当然。だから夫だからといって邪魔をすることはできない」

「行きたいところに行くための協力は惜しまない。ただ帰ってきたら『今日は休んでていいよ』とは言わない。『今日からはうちのお母さんだから、家族にご飯を作って』と言う」

初対面のとき、ご主人は私にこのようなことをおっしゃった。その後何度もお会

テレビドラマ「エベレスト・ママさん」の撮影で谷川岳へ。
田部井淳子さんとともに

いしているけれど、あのときの爽やかな印象はまったく変わらない。

天は二物を与えずというのに、田部井さんばかりがなんでも手に入れちゃ、ほかの女に回ってこないじゃないの。これだけはいつか文句を言おうかなと思っている。

撮影は一ノ倉沢の岩登りのシーンになった。雪渓を登りつめて、有名な一ノ倉沢の岩場がその雪渓からそそり立っているところで、生まれて初めてザイルを体に巻きつけて岩登りの真似事をした。私たちが撮影している間にも何人もの人が私と同じ格好をして岩に取りついていった。その姿はまるで色とりどりの蟻の行進のようだった。

岩側から見ると、つけ根の雪渓はいつ落ちても不思議ではないくらい薄く、雪渓の上にいるスタッフの足元には吸い込まれるようにぽっかりと薄暗く沢が見えていて、とても怖かった。そんなことには気づかず、そばに来ようとするスタッフに対して、

「近くに来ないで！」

と叫んでいた。

私たちも日頃、そのくらい頼りないものの上に生きているのかもしれない。ただ

知らずに日々を暮らしているだけかもしれない。岩場に取りついた恐ろしさより、そのほうが怖いような気がした。

まだたっぷり雪の残る谷川岳では、エベレストのベースキャンプのシーンも撮った。

ご主人と会話を交わしたシーンの撮影のために行った尾瀬でも、撮影機材の移動は当然徒歩。帰りに突然の大雨に見舞われたり、山での撮影はなかなか大変だった。あのとき、重い機材を持って撮影現場に行ったスタッフは、俳優の数倍大変だっただろう。谷川でも尾瀬でも、歩いて一時間、もしくはそれ以上かかる現場を一日に何度も往復していた助監督さん。私がこの作品をやりたいと言わなければ、彼はこんなところを何往復もしなくてよかったかもしれないと思うと、つい「ごめんね」と口にしていた。彼にはなんのことか分からなかったとは思うけれど……。

「一九七五年五月十六日、エベレスト登頂。この年は国際婦人年でもあった」

ドラマの収録はこのナレーションで終わった。

何度読んでも胸がつまって、最後の収録までとうとう一度もきちんと読めなかった。私たち女性が今、自由を謳歌し、男女同権だの、平等だのと言っていられるのは、田部井さんのような先輩たちが重ねてくれた数しれない努力のおかげなのだ。
このことに、言いしれぬ思いがあった。

登山姿お披露目

今ほど私の山好きが人に知られていないころ、仕事で白馬岳（二九三二メートル）に登らないかという話があった。誘われたら仕事だろうが遊びだろうが、どんな山にだって行きたいころだったから、もちろん二つ返事で引き受けた。

当時、大阪のＮＨＫで、いつになく気むずかしく淋しい女を演じていた。役柄は老舗の料亭を守って頑固なまでに信念を通す女性。慣れない役にやや行きづまりも感じていたから、収録の合間をぬって東京に帰り、支度をして白馬村へというハードなスケジュールも気にならなかった。

ドラマでの着物姿とは正反対に、初めての登山姿でテレビに出た。関西テレビでやっていた「土曜大好き８３０」という番組でのことだ。

「以前お世話になった白馬の降旗義道さんというガイドさんに、すべてお願いしてあるので安心してくださいい。本当はぼくも行きたいんだけど、今回は担当の岩田が行きます」

打ち合わせのとき、プロデューサーの大澤徹也さんは自分が行けないことを残念そうに言った。

朝、白馬の駅に着くと数人の山男が出迎えてくれた。その人たちは、スタッフの機材を背負って一緒に登ってくれる白馬のガイドさんたちだと紹介された。

スタッフの車と、私とマネージャーの車にガイドさんも分乗して、なんとなく世間話になった。ガイドさんのひとりが、

「これドラマなの？　ほかに誰が来るの？」

と聞くので、変だなあと思った。

「いやあ、旅の番組で、私が白馬に登るというものなんですよ」

「ふーん……」

さて、降旗さんと登山口の猿倉荘のところで合流して、装備やコースの説明など登山前の心構えを聞くシーンを収録して出発した。

歩きながら、白馬を知りつくしているはずの六人の山男たちから山での楽しい話などを聞きたくて一生懸命質問してみたものの、なんだか歯切れの悪い返事しか返

ってこない。

白馬という名前は本当はシロウマと読むのだが、村の名前がハクバなので旧国鉄が駅名をハクバとし、以来ハクバダケと呼ばれてしまうという話を聞いていたので、そのあたりのことを話してもらおうと、いろいろ持ちかけたのだがはぐらかされてしまう。しかたなく、

「ハクバダケって、本当は代《しろ》かき馬からきているからシロウマダケなんですってね？」

と、ちょっと知ったかぶるようでイヤだなと思いながらも聞くと、

「いや、あ、あの、その話はあとでゆっくり」

なんて、今回のリーダー格の松本さんがモゾモゾ。

——えー！　あとでだなんて！　せっかく代かき馬の雪形がかすかに残っている山をバックに聞こうと思ったのになあ。

こんな具合で話はちっとも弾まない。岩田さんたちスタッフも、山とはこうやって黙々と登るものなのかなあ、と思っていたそうだ。私は私でいつものメンバーと違うからしかたないのかなと思っていた。

その夜の宿となる白馬尻小屋に入った。

着くとすぐに、食事の前にお風呂に入ってくださいと言われた。

「え？　この小屋にお風呂があるとも思えないけど」

そういえば、打ち合わせのあとに、お風呂はすべての宿泊場所にあると事務所から言われ、どういうことかなと思いながらも、「ああ、温泉のある山小屋っていうのもあるっていうから……」

とおぼろげに納得した。そして釈然としないままノコノコと入ってしまった。

しかし、そこは従業員用のお風呂だった。誰が気を遣ってくれてそうなったのか、今では分かるすべもない。

普通の出演のときならお風呂つきの個室は喜んで受けるし、もしそれが用意されていなければマネージャーが文句を言うこともある。というのは、シャンプーしてないと髪がうまくセットできなかったりするので、どんなに時間がなく、疲れていても、「今日はお風呂パスしちゃおう」というわけにはいかないときがある。また、ロケ地で付近の人たちに撮影していることが知られている場合、お風呂に入ってまで「あら、この人！」と指差されてしまうことがある。あの無防備な状況で、その言葉はとても辛いので、大きなお風呂に入りたくても、やむをえずお風呂つきの個室を、ということになる。

でもここは山の中。下水道などあるはずもない山の中でお風呂に入ろうなどと、考えてみたこともない。

従業員のためにお風呂があることは知っていたが、それはあくまで従業員のもの。滞在して小屋を守っている人たちが、一週間に一度なり十日に一度なり汗を流すためのものだ。好きで登ってきて、下りればすぐに麓で入浴できる人のためのものではない。

山小屋にお風呂を用意してと頼んでくれたテレビ局の好意と、用意してあって当然と考えるマネージャーの考え方は、女優という立場からいえばありがたいと思わなくてはいけない。しかし、オーバーかもしれないが、女優の仕事と山好きの個人の思いが、相反する立場に立たされている感じがした。

翌日の白馬山荘でも、「お風呂の用意ができています」とすすめていただいたが、謹んでお断りした。今でもあのときの澄んだお湯の色を思い出して胸が痛む。

さて、食事をいただいてから、明日のことを打ち合わせながらガイドさんたちと親睦の酒席になった。

カメラマンの北田さんはひとり離れて席につき、いくらお酒をすすめられても飲まないし、決してイヤな感じではないがやけに暗い印象だった。

ほかのみんなは飲むうちに打ち解け、ディレクターの岩田さんが、

「みなさん、山に行くときはいつもあんなに無口なんですか?」

と聞くと、

「いやあ、そうじゃあないけど、降旗さんから撮影があるから荷物を揚げるのを手伝ってくれって言われただけで、自分たちが映るなんて思ってなかったから、しゃべっちゃいけないと思ってたんだ」

その日のみんなの無言の行進のわけがようやく分かった。私がなにを聞いてもモゾモゾして答えてくれないわけだ。もう、降旗さんたら!

降旗さんは田部井さんとも仲良しの、登山界では有名な人で、お願いすればたいていのことをかなえてくださる人なのだが、よっしゃよっしゃと引き受けて、あまり細かく説明をしないらしく、ほかの五人は日時と荷揚げのことしか知らなかったらしい。それで登山口までの移動の車中で「これはドラマなの?」と聞かれたんだ、

と大きく頷いてしまった。

酔っぱらった降旗さんは、ハードな登山をして日本の山岳界に名をなしている人とはとても思えない、ただの楽しいおじさんになっていた。

翌日は大雪渓を通って白馬山荘まで登る。白馬岳は少し前にいつものメンバーから誘われていたのに行けなかったところだった。

真夏なら大勢の人が行列になって登る雪渓を、私たちだけで撮影しながら登っていく。もう、みんな無口ではない。登り方のコツや、アイゼンの着け方、昔氷河だったことがよく分かるという大きな岩を見て、地理、地形、歴史など学術的な話、そして究極のテーマ、みなさんの経験に基づいた遭難救助の話まで、いろんなことを教えてもらった。

なんたってみんな超一流の山男。白馬のガイドが勢揃いしているのだ。

あまりにも淡々と、ときには明るく、遭難した人の話や、救助に出て遺体を発見してしまったときの話を聞かせてくれるものだから、はじめのうちは「エー！　イヤー！」なんて怖がっていたのに、お花畑を過ぎ、最後の急登のころには、私までもが笑いながら聞けるようになってしまった。

「山は登ってもいいけど、絶対に山で死んじゃあダメだよ」

とみなさんが口を揃えて言っていた言葉が心にしみた。

何人もの見知らぬ人を助け、何人もの友人を見送ってこられたのだなあ。明るく話さなきゃ、やってられないよね。一見武骨に見える山の男の優しさ、温かさを勝手に感じて、しみじみしていた。

白馬の稜線へあとほんのひと登りというところで、足がかなり重くなってきた。五センチほど足を上げるのがこんなに大変なことなのかと、つくづく感じ入りながら一歩一歩登っていった。

村営白馬岳頂上宿舎でひと休み。白馬山荘へはあと一歩。

ところが白馬山荘に着くころには、九月だというのにチラチラと雪が降り始めた。小屋の中はストーブが燃えていて別天地のような温かさ。ソーラー発電もあり、実に設備が整っている。しかも食事にはフランス料理のフルコースも用意されている。

今回の撮影では、そのフランス料理を取材させてもらおうと、私もちょっと気取った、かさばらない衣装を選んで持ってきていた。ワイングラスのアップから始まった食事シーンは、一緒に食べてくれる人のいない淋しさはあったものの、いい感じに仕上がったと思う。

登ってくる途中で歩荷《ぼっか》さんに追い越されたとガイドさんが言っていたが、私たちのために食材を持って上がってくれた人、作ってくださった人にはとても感謝したと同時にお手数をかけて申し訳なかったと思った。

正直言って、まったくの個人的な好みとしては、山では温かいうどんやラーメンが嬉しい。山での食事にフルコースは贅沢すぎて、私にはちょっと辛かった。用意してくださった方には本当に申し訳ないが、山ではシンプルなものが一番おいしいと私は思っている。

この夜は最終日でもあるのでみんなで軽く打ち上げをした。なんと北田さんがどんどん飲んでいるので驚いて聞いてみると、実は山がイヤで来たくなかったのだそうだ。ちゃんと登れるかが心配で夕べはとても飲めなかったというのだ。明日は下りるだけだからと言って、大好きなお酒をかなり飲んでいた。

うーん、どうも山はスタッフに歓迎されないようだ。

夜はベッドの部屋や個室を取材して、その広い個室のひとつに私とマネージャーが泊めてもらうことになった。着られるものはすべて着込んで寝たが、布団はなかなか温まらないし、ヒューヒューと泣き続ける風の音が耳について、若いマネージャーは寝つけなかったようだった。

翌朝は外気温マイナス八度。外は雪。小屋中の水は凍りついて顔も洗えない状態だった。ありったけ着込んで、雪山に行くような支度で頂上へ登った。細かいつぶてのような雪が顔に当たり、冷たいやら痛いやら。でも、この厳しさが私には心地良かった。

稜線は風が強くて危険だと六人のガイドさんの意見は一致した。岩田さんは稜線を伝って鑓《やり》温泉に下り、野天風呂でラストにしたかったようだが、予定は変更され、来た道を戻った。

マネージャーは帰ってから「山へは二度と行きたくありません」と言っていた。朝シャンどころかお風呂もない、あんなところのなにがいいのか、まったく理解できなかったようだ。

ホントになにがいいのかしらね？　と私も思う。

でも、あえて不便な生活を選ぶことに、私は自分の求めるなにかがあるような気がしていた。

なにが悲しくてキリマン？

白馬岳に登ったあと、大阪のスタジオで収録ずみの白馬の映像を見ながらおしゃべりをする「土曜大好き830」の生放送の本番も終わり、スタッフや司会の桑原征平さんらと近くの寿司屋で打ち上げをした。

なにしろ大阪のこと、どんな話でもくすぐりというか、笑いの部分がなかったら気がすまない人たち。笑いでないのなら、感動がなければ承知できない、といった感じが日常生活にもある。

まさにいつものように面白おかしく、暗くなっていた北田さんの話や、酔っぱらった降旗さんの話で弾んでいたころ、誰だったのかもう覚えていないのだが、

「次はキリマンジャロやなあ」

と言い出した。もちろん私は冗談だと思って笑い飛ばしていた。

それから半年はたっていたと思う。ある日事務所に、関西テレビの大澤さんが、

「キリマンジャロなんですけど、本気で考えてますが、どうでしょう？」

と言ってきた。

「えっ！」

と驚いたものの、そんなところ、まず自分じゃ行けないし、行かないだろう、せっかく人のお金で行かせてくれるというのなら行かない手はないだろうと、ちゃっかり思った。

でもキリマンジャロがアフリカにあるという以外はなにも知らなかった。やはりこれは田部井さんに聞くしかないと、さっそく電話をした。

「田部井さん、キリマンジャロに行かないかって話があるんだけど、どんな山？私でも登れるかなあ？」

「うん、大丈夫、大丈夫。歩いて登れる山だから、ゆっくりゆっくり歩いて、ゆっくりゆっくり息を吸えば登れるよ」

いくら山が好きでも危険は性に合わない。しかし、田部井さんが太鼓判を押してくれるなら私でも登れる山なのだろうと、その話をＯＫした。

当時キリマンジャロのあるタンザニアは特に危険な国ではなかったが、まわりに内戦中の国がたくさんあった。

「エベレスト・ママさん」を撮ってる最中に、キリマンジャロに登ることが報道されてしまったら、今まで電話をかけてきたことのない友人からも、「なにが悲しくてそんなとこ行くの?」「登山家にでもなるの?」「いったいあなたは私たちを置いてどこまで行ってしまうつもりなの?」などなど、驚くほどたくさんの電話をもらった。

外国には何度も行っているのに、こんなことは一度もなかった。こんなに心配されるというのはなにかあるのだろうか? 私ってキリマンジャロで死んでしまうのかしら? なんて、ふと不安になったりもした。

未知の山、戦争、飛行機……。考えだせば不安に思える材料はいくらでもあった。でも知らないっていうのは強いものだ。

一九九三年七月九日、キリマンジャロに登るために羽田空港を出発した。

ここからの行程がかなりすごかった。

まず中華航空で台北に向かった。台北からは南アフリカ航空でヨハネスブルグへ、そして乗り継いでジンバブエ。ジンバブエでは三時間くらい待たされ、空港ターミナルをあっちこっち連れ回されて、「本当に行きつけるのかしら?」と思った。

そして、やっとケニアの首都ナイロビに到着した。

この間三日もかかっているのだが、なぜかどこに泊まったのか覚えていない。

ナイロビには現地のコーディネーターが迎えに来てくれていたが、ここでトラブル発生。私たち七人とコーディネーター、そしてたくさんの機材をセスナ機に載せると重すぎて飛べないというのだ。

「機材をひとつ置いていくか、人がひとり降りるかどちらかだ」

と言われ、さんざん悩んだあげく、コーディネーター氏が乗らないことになって荷物を積み始めた。

機体の大きさと荷物の量を一見して、「こんなにたくさんのものが載るのかしら」と思った。ところがセスナってビックリするほどいろんなところに収納場所があって、次々にものがしまい込まれていった。やり方はまたビックリするほどいい加減で、たったひとりの人間の重さであんなに悩んだのが嘘のように、ボンボンしまっておおざっぱに鍵をかける。いや、おおざっぱにしか私には見えなかった。

「本当に大丈夫なのかなあ？　この飛行機、無事にキリマンジャロに着くのかしら？」

ディレクターの大澤さんに指示されて、一応被写体である私は窓側に座り、ほかのみんなは、なんとなく体重を目分量されながら仕事の分野によってそれぞれ都合のいいところに、「あそこ」、「ここ」と決まってゆき、やっと落ち着く場所を見つけ出した。

セスナは「どっこいしょ」という感じで飛び立ったのだが、気のせいかなんだか重そうに飛んでいる。

ナイロビ―キリマンジャロ間は直行便がないそうで、このセスナはチャーターしたものだった。

キリマンジャロは南半球にあるため、季節は日本と逆で今は冬。しかし赤道近くにあるので、通年、気候の変化はあまりない。ところが冬は乾季なので雪は少なく、雨季の夏には雪が降るという、ちょっと分かりにくい気候である。

私たちの行ったときは、雲の下は雨、上に出たら晴れというシンプルなものだった。

不安だった飛行も好天に恵まれて快適に過ぎ、左手にキリマンジャロが見えてきた。高度五〇〇〇メートルぐらいがやっとのセスナから見ると、まるで肩を並べるように、アフリカ大陸最高峰五八九五メートルのキリマンジャロが横たわっていた。

「大きぃ！　私たちはセスナより高いところへ行くんだな」と不思議な気分だった。

ひろーい空港に着くと、山はまったく姿を隠している。

「晴れていれば、このへんにキリマンジャロが見えるんですよ」

何度も来ているガイドの早川晃生さんが指差してくれたが、見えるのは雲ばかりだった。

早川さんは準備段階から何度もお会いしており、山に対してまだまだ純情すぎる私に、数々の印象的な言葉を残してくれた人である。

「山っていいですよねー、普通の社会みたいに、お金さえ払えばなんでもできるってもんじゃあないでしょ？　お金の力の及ばないところが好きです」

なんて私が言おうものなら、

「いや、山はお金です。お金があればなんでもできます。三億つぎ込めばエベレストにだって登れます」

「へ〜！」

私はまだまだ甘かった。

山の服装についても、もともとおしゃれがあまり好きではない私は、シンプルさが気に入ってずっと前から着ていたニュージーランド製の未晒《みざら》しの地味なセーターを持っていこうと思っていた。すると、

「我々は夢を売る仕事です。服装はみんなが見て『いいな』と思うものにしましょう」

と、早川さんは言った。うわー！　山男に一本取られた！

今回のメンバーはディレクターの大澤さん、カメラマンの尾谷牧夫さん（四千メートル峰に登った経験があり、毎年富士登山マラソンに取材で参加）、小林一雅さん、横山和明さん、日本山岳ガイド連盟の早川さん、後輩の鳥谷越明さん、そして私。カメラマンが多いのはどんな状況にも対応できるようにと三人体制をとったのである。

いつもならマネージャーが同行するのだが、今回は「女性がそばにいる必要があるのならどうぞお連れください。もし特に必要でないなら、山岳ガイドの方をもう

ひとりお願いしようと思っています」ということだったので、山を知る男性がひとりでも多いほうが、私だけでなくスタッフにとっても大いに助かるだろうと、私はひとりで参加した。

空港を離れて四駆を走らせると、草原のそこここにマサイ族の人々がきれいな民族衣装を身にまとって漂うように歩いていた。女性も男性も木彫のように美しい。なかでもおじいさんがとても美しく、立っているだけで哲学的な美を醸し出していた。写真を撮らせてもらったからなにか言葉を交わしたはずなのに音の印象がなく、さやさやと風が吹きすぎる草原に人々のみがたゆたうサイレントの世界。そんな幻想的な光景が目に焼きついている。

「ああ、アフリカなんだなあ」

広大な大地を感じていた。草原はあくまでも広く遠くに続いていて、ところどころに山ともいえない、土の盛り上がりに草が生えたような小高い丘が、ちょっとしたアクセントになっている。とおーくにキリンもいたようだった。

キリマンジャロの登山口はタンザニアのマラング村にある。

まずは近くの町モシを見に行った。モシはなかなか活気のある町で、市場などは人であふれかえっていた。マーケットには生鮮食品がなんでも揃っている。私はブランドものには別段関心はないが、こういう市場に来ると俄然燃えてくる質《たち》なので、新鮮な野菜などを無性に買いたくなる。しかし、作ることも持って帰ることもできないのであきらめた。

大澤さんの希望でコーヒーのキリマンジャロを買った。山頂でいれてほしいというのだ。こういうところが、なんでも面白くしないと気がすまない関西人らしいところだが、はたしてそんな余裕、あるのかしら？

この日はキボホテルという、キリマンジャロに登る人のほとんどが泊まるホテルに泊まった。ヨーロッパの山小屋のようなおしゃれなホテルで、世界中の登山隊が残した旗や写真があちこちに飾られている。

ここで明日からの登山の支度をした。日本の山と違ってポーターがマットやシュラフなど重いものは運んでくれるので、私は必要最小限のものだけを用意する。ポーターはごはんまで作ってくれるそうだ。

「自分の荷物は自分で持つ。持てなくなったら山はやめよう」

初登山からかたくなに守っていた自分のルールだったが、ここではポーターを雇うのもルールのひとつだということを教えられた。

翌朝、私たちはキリマンジャロの登山口マラングゲートで登山申請書を提出し、総勢三十人にもなろうかというポーターに、荷物を預ける手続きをした。マラングゲートは、深い熱帯雨林の木立の中にあった。

私は、ちょっとみんなから離れ、ゲートのすぐ前にあるキオスクでTシャツを買おうと思った。

「I HAVE CLIMBED MT. KILIMANJARO」と書かれた、生地も縫製も決していいとはいえないTシャツだ。普段は観光地で買い物をすることなどめったにないが、登れるかどうか分からない不安さが「せめてなにかで……」と思わせたのかもしれない。

思いっきり背の高い熱帯雨林が両側から迫ってくる登山道は、なぜかとても日本的に見えた。大きな木が街道筋の杉木立のようで、まるで昔の日本にあったような土の香りがする道だった。

「ポレポレ」

ガイド兼ポーターのリーダー、サミーがこう言いながら歩いていく。どうも、ゆっくりゆっくりといった意味のようだ。

ほかのポーターは、ゲートのところで挨拶をすますと、大きな荷物を頭に載せて、私たちを置いてさっさと行ってしまった。先に小屋に行って、私たちの食事を作ってくれるためなのだ。

ゲートがあったところが標高一八六〇メートル。その日は最初の小屋、二七二七メートルのマンダラハットまで、標高差九百メートルを四時間で登ればいいのだ。熱帯雨林を抜けたら、高原のような草地をのんびりと歩き、午後二時ごろには小屋に着いてしまった。

小屋は可愛らしい木造の建物でなかなか快適だ。まだまだ明るいし、体力もあまっていたので小屋のまわりを散歩した。

真っ黒な猿が思慮深げな顔をして木の上にたくさん集まっていたが、彼らは遠くからじっと見ているだけで、こちらにはなんの興味も向けてこない。

このへんの景色も、なんだか日本的で、アフリカまで来て山に登っているとは思えなかった。

初めての外国旅行だった旧ソ連（ロシア）で松の木を見て、松は日本のものだとばかり思っていたので不思議な気分におちいったのを思い出した。

翌日は、富士山とほぼ同じ高度、三七五〇メートルのホロンボハットを目指す。草地を歩いているときれいなお花がそこここに咲いていて楽しい。

途中、魔女でも出てきそうな樹林があった。ツタのような植物が木に巻きついて妖しげに垂れ下がっており、朝からしとしと降っていた雨が、この不思議な光景の中では、まるで効果を上げるためにわざわざたかれた霧のように見えた。そこでひと休みしてまた歩き始めた。

降り続く雨でじめじめして、いやあな気分になっていたころ、すれ違った人が、

「あと二十分で頂上が見えるよ。上は晴れてるよ」

と教えてくれた。

突然、気分はしゃっきりして足どりまで軽くなったが、彼らの言った二十分は、登っている私たちには四十分。道はぐんぐん登りになり、一歩一歩と登りつめていくと、雲がさーっとどこかへ飛んでいってしまった。そして、まさに目の前にキリマンジャロが真っ青な空にパキーンと、目に焼きつきそうなくらい真っ白に輝いて

いた。

「ああ、きれいっ！」

と感動していると、カメラも張りきって回り出した。あっ、いけない！　私はすっかり写される人であることを忘れていた。

「おお！　女優さん、女優さん」

とあわててパフをたたいた。

こうなったらゲンキンなもので、足どりは飛び跳ねそうに軽く、あっという間にホロンボハットの見える最後の下りにかかった。登ってくる私を撮るためにスタッフは先に下っていった。下って登ればもう小屋だ。

そのときふっと、ほんのちょっとだけ、「疲れたなあ」と思った。

登ってすぐ右に食堂に使う小屋、その斜め後ろにトイレがあった。

広い丘の上に大小の小屋が点在し、グループの人数によって割りふられるらしい。小屋は設備がよく整っており、なにより驚いたのはトイレが水洗だったことだ。それにしても流した水はどこに流れていくのかしら？

先に着いていたポーターたちは食堂にお茶を用意してくれて、もう私たちのごはんの支度を始めているらしい。

実はさっきから目の前をちらちらと小さな光が飛んでいた。これは小さいころから貧血症のためときどき出る症状で、いつも休めば治るので全然心配はしなかったのだが、横になっているうちにうっかり眠ってしまった。

なんとなく気配を感じて目を覚ますと、カメラが私の寝顔を撮っていた。

「そろそろごはんですよ」

と尾谷さんが笑いながら教えてくれた。まったく油断はできないと思って起き出したが、力が入らない。文句を言おうと思うのだが、気持ちとは裏腹にうずくまってしまう。

カメラをのぞいていた尾谷さんが変だと思って早川さんを呼んでいる。吐きたいが吐くこともできない。ああ、どうしたんだろう。

「寝ちゃダメだって言ったでしょう。少しゆっくり歩きましょう」

と早川さんは言って、私を支えながら一緒に小屋のまわりをしばらく歩いた。

ああ！　今ごろになってやっと思い出した。

「高山病で気持ちが悪くなったら寝ないでください。寝ると摂取する酸素が半分になるからもっと悪くなるので、具合が悪くなったら、ゆっくりゆっくり歩いてください」

日本で打ち合わせしたときに、しつこいほどに言われていたのだ。この気持ち悪さは貧血ではなく、まぎれもない高山病なのだ。

私がうずくまっている間に、大澤さんや早川さんが私が登れなかったときの相談をしているのが聞こえていたが、九十分の番組に穴を開ける勇気なんて私にはない。

番組はもしものことを考えて二部構成になっていた。私たちは山に登り、もう一方でアナウンサーの桑原征平さんが私たちを応援しつつ、というより、なんでそんなところに行きたいのかとあきれながら、サファリを優雅に旅するというもの。

だからもし、登頂できなくても大丈夫と言われてはいた。しかし、実際、その局面を迎えるとは……。もうホントに情けない。

みんなだってここまで来たら登りたいよねえ。

三十分ほど小屋のまわりを辛抱強く歩いているうちに、少しずつ気分が良くなり、かろうじて立ち直った。無理してでも食べなさいと言われ、自分でも食べなくてはまた迷惑をかけると思い、なんとかスープやつけ合わせの野菜を食べた。

その夜、珍しく夜中にトイレに行きたくなって、昼間のことがあるからみんな心配するだろうと思いながらも、そーっと音をしのばせて小屋を抜け出した。小屋の中には外国の人も含めて十五人ほどが同室で寝ていた。私たちの小屋からトイレはかなり離れているので、丘の上を私はひとりで歩いていった。

見上げると、おそらく今まで見たうちでも一番たくさんの、こぼれそうに大きな星が夜空にまたたいていた。この地球という星にたったひとり、私だけが存在しているような錯覚にとらわれた。

まるで谷内六郎さんが描く少女のように、私と星だけの世界。このうえもなく孤独なのに、ちっとも淋しくなく、真っ暗なのに怖くもなかった。まるで星に包み込まれているようで、とても幸せだった。

百年の時空の旅

翌朝、みんなが言うには、私が外に出ていく気配に耳を澄ましていたそうだ。そして、なかなか帰ってこないので、またなにかあったのではと心配したという。本当に申し訳ない。

高所順応のためもう一泊して、最後の小屋、キボハットへ向かう。

この日が辛かった。小屋を出てちょっと登ったあとは、ザ・サドルという砂漠をほとんど一日中、だらだらと歩くのだ。短い目標に向かって頑張るのはそれほど苦痛ではないが、ゴールがずっと先に見えていて縮まらないのは辛い。

ザ・サドルまでは巨大サボテンのような花が咲いていたり、ラスト・ウォーターと呼ばれる水場があったり変化があるが、ザ・サドルに出るとただただ強い日差しと退屈の地獄。そして一日中歩いて充分に疲れたころ、小屋の手前で一気に百メートルぐらい登らなければならない。

ふう！　やっと四七〇三メートルのキボハットに着いた。マウエンジ峰（五一五〇メートル）をバックに写真を撮ろうとしたら、カメラの電池が切れていた。せっかく、この日のために新しい電池を入れてきたのに、ショックだった。高度の影響らしいが、ほかの人のカメラで撮ってもらっても未練は残る。

この夜は、深夜に登り始めて登頂したら、そのままホロンボハットまで下りなければならないので早めに休んだ。

零時半、ポーターがそっと起こしにきてくれた。彼らが作った温かいスープを飲んで、身支度をして歩き出す。ざらざらと荒い砂地を、真っ直ぐにも登れそうなのに（そんなことは実際できないが）、斜めに斜めに、ゆーっくり、ゆーっくり登っていくのだが、足はビックリするほど重い。息もハー！　ハー！　まるでスキューバのようにゆっくり吐いて吸う。あたりは真っ暗だから深海を這っているような気がする。

――休みたい……。まだかな……、まだかな……。

ハンスマイヤーズケーブで休んだころ、早川さんと尾谷さんが「大澤さんが眠りそうになっている」と話している。私は目にゴミがついているようで、見えにくく、ゴミを取ろうとするが取れない。

またハー、ハーと歩いていると、足元の方からうっすらと夜が明け始めている。頂上でご来光のつもりだったが、ペースが遅いのだろうか。

オレンジ色で縁どられた赤い火のようなスジが、黒くシルエットに浮かぶ仲間の後ろから強烈な光を放射している。

「早川さん！　大澤さんが眠ってしまいますから下ろしましょう」

誰かが叫んでいた。私は拭いても拭いても目の中のゴミが取れない。そばに来た尾谷さんにそのことを話すと、高所の経験のある彼はすぐ早川さんに相談した。どうも、私も大澤さんも高山病らしい。

「とにかく急いで登頂して、一刻も早く下りましょう」

傾斜のきつくなった道を、大きな岩に体をあずけるようにして登っていく。体が重くて辛い。私のこんな小さな体でもこんなにも重いのかと驚いてしまう。

やっとの思いで頂上の一角である五六八二メートルのギルマンズ・ポイントに着いた。

「ああ、疲れた！」

真っ白な氷河も雲海も、それはそれはきれいだし、心の底から感動しているのに、ものすごく低い声で口をついて出たのは、こんなつまらない言葉だった。

「お父さんはキリマンジャロに登ったんだよと子供に言いたい。お願いだから連れてって」

こう言って、頑張って登っていた大澤さんも続いて頂上に立った。

「市毛さん、キリマンジャロですよ。頂上ですよ。着きましたよっ！」

大澤さんは涙でくしゃくしゃになった顔で、私の手を握りしめて言った。

「やめてよー！　大澤さーん！」

泣くつもりなどなかったのに、その顔を見たとたん、手を握り合ったまま一緒に泣いてしまった。もちろんカメラはすかさず、私の顔をとらえた。

もしあれが彼の演出だったらと、あとで思ったが、あの涙は純粋だったと信じている。

そんな私たちを見て、カメラマンの尾谷さんまで涙ぐんでしまい、そこを小林君と横山君に撮られて、「カメラマンの恥だ」と怒っていたけど、男の人の涙も素敵だった。

ギルマンズ・ポイント到着で番組も成立したので、無理をして最高地点五八九五メートルのウフルピークまでは登らずに下山することにした。みんな高山病の症状が出て満月のような顔で記念写真を撮った。

「お父さんはキリマンジャロに登ったんだよ」

いつの日か彼らは、子供にこの写真を見せて自慢するのだろうか？

「私をここにおいてって！　少し休んでからひとりで下りるから」

「ダメです。とにかく自分で歩いてください」

砂の上に何度も何度も倒れ込みながら頼む私に、早川さんは、そのたびに自分で歩けと言った。鬼！　と思ったが、それで助けられたとあとで分かった。

心配した十九歳ぐらいの若いポーターが、途中で私を小脇に抱えて歩いてくれたのだが、かえって気持ちが悪くなり、礼を言って自力で歩くことにした。ゆっくりでも自分で歩くことで血液は体中を回り、少ない酸素を脳や心臓に運んでくれていたようだ。あのままひとりでキボハットに残っていたら、と思うとぞっとする。

やっとの思いでホロンボハットに到着した。

キリマンジャロのギルマンズポイントにて。
このとき、すでに高山病の症状が現われていた

高山病は標高が下がれば嘘のように良くなるといわれている。確かに気分は良くなり、視野狭窄になっていた目も回復したけれど、うっすらと白い膜のようなものが目をおおっていてよく見えない。私の視力はこのまま落ちてしまうのかしらと、実はとっても不安だった。

とにかく、ゆっくりゆっくり小屋のまわりを歩き続けた。すると、うっすらながらも少しずつ視界が明るくなってきて、一時間ほどするとすっきりと見えるようになった。早川さんはすごい。山に慣れた人の言うことは、やはり素直に聞いたほうがいい。

アリューシャという町に移動する道すがら、キリマンジャロはようやく全容を見せてくれた。それはキリマンジャロ空港に着いたとき、「あそこ」と指差された空間のすべてを占めるほど大きな山だった。

頭の中で富士山と重ねてみた。高さは一・五倍ぐらいだが、裾野が倍くらいある大きな台形の山で、大人と子供、象と子犬……なんだか比べるのがばかばかしくなってやめた。あんな大きなものにとって、私は蟻よりも小さい存在だったのだ。

広い草原に光る、大きなキリマンジャロの姿を、やっと視力が回復したこの目に焼きつけた。

下山して、また三日間かけて日本に帰った。キリマンジャロにはもう二度と行かなくてもいいと思っていた。その一方で標高四千メートル級までならいつでも行けるという自信がついた。

この三日間、私はまるで百年の時空の旅をしたようだった。

マサイの人々もいる麓の町々は、百年前とほとんど変わらぬ営みを続けているように見えたのに、再び戻ってきたヨハネスブルグは、今まで見た日本や諸外国の都市と比べても劣らない、〝超〟のつくほど近代的な大都市だった。

私自身も山の中のシンプルな生活から、大都会での生活にいきなり引き戻されたのだった。この時空の旅は、そのあとまでいろいろなことを考えさせてくれた。

さて、キリマンジャロに行く前に、帰ってきたら怪我でもしているか、それとも日焼けでひどい顔になっているか、どんな状態になっているのか誰も想像できなかったので、一カ月間仕事を休みにしていた。したがって、思いもかけないひと月の休みを手にしていた。

さあ、なにをしよう。こんなチャンスはめったにない。今までしようと思っていてできなかったことを全部しようと決めた。二十九歳のときに遅ればせながら運転免許を取ったのだが、学校を出てからかなり時間もたっていたし、ひさしぶりにやる勉強はとても新鮮で、それまでの人生で考えられないくらい努力もした。学ぶ楽しみに目覚めてしまったのだ。そのときに次はなにをしようかと考え、なぜか船舶免許を取ろうと思った。しかし、仕事に忙殺されて実現できずにいた。

そうだ、この一カ月の間にまずは船舶免許を取ろう！　そして、もうひとつはダイビングライセンスだ。この短い間に、山の上の景色の美しさは、胸をよぎっただけでドキドキするほど私を魅了していた。ふとした時に、山の上があんなにきれいなら、海の中はもっときれいなのではないだろうかと思ったからだ。

そう思うと一カ月なんてそんなに長くはなかった。

急いで、あらゆる手段で免許を取れそうな方法を探した。船舶免許はヤマハに飛び込みで相談したら、

「女の人がいきなり行って、一級なんて取れるはずないですよ」

と笑われてしまった。全国を調べてもらって、スケジュールその他が唯一、一致した教習所に合宿して、助言されたとおり四級を取ることにした。

ダイビングは以前から教えてくれると言っていた友人に電話をして、個人レッスンしてもらうことにした。

せっかくの休みはまさにばたばたと過ぎてゆき、夏の終わりには船舶免許とダイビングライセンスを手にしていた。

それから数年後に改めて船舶免許の一級を取ったが、頑張れば最初から一級を取れたような気もする。

海の中は想像したとおり美しかった。しかし、この二つのライセンスを取得したときには私は泳げなかったのだ。子供のころは体が弱かったこともあって、体操は大嫌いでろくな成績を取ったことがなかった。中学になっても水泳の授業は毎週、風邪をひきましたとか、考えられる限りの言い訳を考えて見学していたので泳げるはずがなかった。

大人になっても、太ったことがないので運動は必要がないと思い込み、ずっと運動音痴で通していた。でも、マリンスポーツをするのに泳げないのはなんだか変な気がして、近所のスイミングスクールに入会した。

泳げなくても浮くことはできたので、バタ足くらいはすぐマスターすると思っていたものの、顔を水につけただけでむせてしまい、散々なスタートだった。

それでも半年もするとクロールで二五メートル泳げるようになり、十五で肩こり、十七でぎっくり腰という輝かしい歴史をもつ肩こりとぎっくり腰がいつのまにか治っていた。ただ漫然と生活していたのでは血液は百パーセント活躍してくれないが、自分が意識してほんの少し送り出す努力をすれば、自らの力で体を正しい状態にしてくれる。

おそらくキリマンジャロで切実に感じたように、体の隅々まで行き渡る血液の力で治っていったのだと思っている。

ちょうど同じころ、毎年、年末年始を過ごしている青森のとある温泉で、すすめられるままに借り物のウェアでスキーをやってみた。地元の人しか行かないような私好みのスキー場で、誠実なコーチに恵まれ、まずはカニ歩きから始めた。自慢じゃないが体力にも運動能力にも自信はない。ところが先生は、

「なにかスポーツやってますか?」

と聞いてくれた。

「普通、カニ歩きはうまいスキーヤーでもばててしまうし、初心者はこんなに歩けないんですよ」

「ここ数年山登りをしているからでしょうか？」

ほかに思い当たることはないので、もしかしたらと思って言ってみると、

「あー！　きっとそれですよ」

知らないうちに「ない」と思っていた体力がついていたのだ。

2 山に夢中

日本の山も甘くない

キリマンジャロから帰ってすぐ、いつもの病院の仲間から誘いがあって南アルプスの甲斐駒《かいこま》ヶ岳（二九六六メートル）と仙丈《せんじよう》ヶ岳（三〇三三メートル）に登ることになった。ひさびさに仲間と一緒だし、初めて日本の三千メートル峰に登れるのが嬉しくて張りきっていた。一九九三年八月、夜行列車に乗って、甲府の駅で仮眠をとり、早朝のバスで広河原へ。そこでテントを張って二、三時間寝て、またバスで北沢峠へ。小屋をベースに甲斐駒、仙丈に登るという予定である。

甲府駅には私たちと同じような登山者がいっぱいいて、思い思いに身支度をしている。さあ、私たちもここで寝ようと支度をしていたら、駅ビルの下からタクシーの運転手さんが、「バスは運休だよ」と言って上がってきた。なんでも前日の大雨で夜叉神《やしやじん》峠から先の道が土砂崩れで通れないというのだ。今回のリーダー、山本弘圀さんがこの先の予定をどうしようかと考えていた。

「コースを変えてタクシーで行きなよ」

と、運転手さんが寄ってきた。

ふと、いやな予感がして、私が帽子を目深にかぶるのが早いか、運転手さんが気がつくのが早いか、タッチの差で運転手さん、

「あれえ、あんたテレビに出る女優だよねー。なんて言ったっけなあ」

アッと思う間もなく、仲間の運転手さんを呼び集め、しきりと私を指差して、

「ほれ、あれあれ！　なんて名前の女優だったかなあ！」

「よく似てるって言われるのよ」

なんて友だちがごまかしてくれても、

「ダメダメ！　俺知ってる。ラジオで山好きだって言ってたもん」

別に、自分は有名なのよと自慢したいのではない。

実はこのとき、私たちは駅ビルの中のガラス張りのきれいなお店の前で寝ようとしていたのだ。それも改札口の真ん前の。女優であろうとなかろうと、どちらも「市毛良枝」というひとりの人間なので、駅ビルの中で寝ることも自分の中では一登山者としてなんの矛盾はない。女優だからこんなことをしてはいけないとも思わ

ない。ただ、受けとめる側がどう思うかは別問題だ。

人がどう思おうとかまわないけど、あらためて日の光の中でそんな光景を想像してみると、人並みに恥ずかしいと思う感覚が働いてしまう。こんなときは、できれば見逃してほしい。

そう思うのは私の甘えだろうか？


騒ぎをなんとか抜け出して夜叉神峠まで行き、そこから広河原まで歩いていくことになった。結局一睡もしないで歩き始めることになってしまった。

生まれて初めて歩きながら眠った。歩いているのに、こっくり、こっくり、なんてことができるものだと自分で驚いた。左は崖、右は車道。崖から落ちないように道の真ん中を堂々と居眠りをしながら歩いた。

土砂崩れのため復旧工事に向かう車がたまに通るだけなので、眠りながらでも安心して歩き続けられた。

真っ暗なトンネルの中では、あまりの怖さにみんなで手をつなぎながら三十分近く歩いたが、こんなとき必ず「もうひとりいたりして！」なんて言い出す人がいる。

途中、見かねた工事の人が、「乗ってけよ」と後ろから来たほかの登山者も一緒に林道の終わりまで車に乗せてくれた。仕事中だったから上司に知られたら問題かもしれない。でも、もう時効かな？

広河原から北沢峠への南アルプス林道は、なにごともなかったように登山者で大いに賑わっていた。

北沢峠に建つ長衛荘に着き、急いで支度をして甲斐駒に向かった。

朽ちた葉が積もってふかふかとした原生林の道は、急登というほどではないが、一睡もしていない体にはかなりこたえる。

「六千メートル級の山に登ったら、日本の山なんて軽いかと思ったのに！」

と思わずぐちる私に、友人は、

「山って毎回、最初の千メートルがきついじゃない」

ああ、これは名言……。

そういえば毎回、体が慣れるまでの千メートル近くは、「来るんじゃなかった。家で寝てればよかった。なんでこんな辛いことするんだろう」と思っていたものだ。寝不足だけが辛さの理由ではなかったようだ。じゃあ、東京都民に親しまれている標高六〇〇メートルの高尾山って、いつ行っても辛いのかしら？

まあ、この辛さを乗り越えればまた楽しくなる、と思って自分を励ました。

そうはいっても、この日はあまりにも長すぎた。駒津峰《こまつみね》に着くころには太陽はすっかり黄昏の色になってしまい、姿を現わしている甲斐駒の頂は、無理に登るのには急峻すぎた。手の届きそうなところに山頂は見えていても、気力が続きそうになかった。ただほれぼれと、甲斐駒のすっきりとした山姿を眺めていた。

リーダーの山本さんの判断で頂上はあきらめ、長衛荘に戻った。

北アルプスとは違って、南アルプスの小屋はかなり素朴だ。全体が大きなひとつの部屋のようになっていて、布団が一列に並び、一本のロープが部屋中に張り巡らされている。宿泊者は布団一枚分の自分のスペース内でなんでもする。ロープにはみんなそれぞれにタオルやレインウェア、靴下などをつるしていた。限られたスペースの使い方が工夫されていて面白かったが、真夏は大勢の人でさぞかしごった返すのだろうと想像がついた。

この夜は誰もがくたびれていたので、早々に寝床に入って熟睡した。

翌朝、人の気配でふと目を覚ますと、粛々と降る雨音が耳に入った。

正直なところ、あー寝ていられると思った。こんなにも山が好きなのに、どうしてこんなに怠惰なのだろう。当然今日は休みと思っていたら、なんと、

「出かけましょう」

とリーダーが言っている。

——ええ、行くのー？　寝ていられると思ったのにー！

もう温かい布団に未練がいっぱいだ。休もうよ、休もうよ、休もうよ、と念じながら、なぜか、体は動いて出かける支度をしていた。

婦長さんは小屋に残って休んでいるというが、いつもファイト満々の浜田さんと私たち少人数は仙丈ヶ岳に登ることになった。

雨は相変わらず降っていたが、歩き始めるとなんのことはない。睡眠が足りたのか、昨日とはうって変わってすっかり元気になっている。さっきまでの怠け心は吹っ飛んで心身とも充実している。

雲を透かして薄日の色がわずかに変化すれば、「これは晴れてくるかもしれない」とプラス思考にもなっている。過剰でない程度に整えられた南アルプスの登山道も好ましく、いい気分で登っていった。

朝のラジオでは、台風接近を知らせていたような気がする。希望的観測で楽しく登ったのはよかったけど、いっこうに晴れてはこなかった。雨に濡れた木と土の匂いと、木肌の茶色と葉の濃緑色が強く印象に残っているが、この時季なら見られたはずの花々の印象はまったくなかった。

ジグザグ、ジグザグ、木立の中を登っていき、道がごろごろと石ころだらけに変化しても天候は変わってくれなかった。

もう少しで仙丈ヶ岳の避難小屋（現在は仙丈小屋）というところまで行くと、視界はとうとう閉ざされ、ほんの五十センチ先の尖った石ころがやっと見える程度になってしまった。頂上まで行くことは甲斐駒と違ってさほど大変ではなく、どうしてもピークを踏みたければ簡単に踏めるところにいたのだが、誰もピークを踏むということだけにこだわることもなかった。そこで昨日に引き続いて登頂せずに下山することにした。

その前にせめてお茶でも飲んで、ひと休みしようと仙丈避難小屋に入ってみると、中にはテントが二つ張ってあって若者が二人いた。そのうちのひとりは、私たちがお茶を飲み終わって出ていくまで起きてこなかったので、正確にはいたらしいというべきだろうか。

　もうひとりの青年は、

「ここで一週間停滞しています」

と言って、私たちと一緒にお茶を飲もうと自分のお茶の準備を始めた。

「男二人の停滞がこんなに長引くと、お互い飽きて、勝手に寝て勝手に食べる生活になってしまうから淋しくて」

と人なつこそうに話していた。

　学生時代に男二人で山に入って、テントや食糧を担いで何週間も縦走をする。女ばかりの学校で過ごした私には考えたこともなかった生活だ。何週間も入り続けていられるほど深い南アルプスの山。自分で背負ったザックと自分の足しか頼れるもののない縦走。雨に降りこめられて出ることもままならない隙間だらけの避難小屋。その中に場違いなほど色鮮やかなテント。すべてが新鮮だった。

　いつの日かこんなこともやってみたい。もしも、今度生まれ変われるなら、そのときは山岳部に入りたいなあと思った。

　避難小屋の中には誰かが残していったさまざまなゴミが散らばっていた。

「ゴミはひとりひとりが持ち帰るように気をつければいいんだけどね。でもね、今ではゴミの持ち帰りは当たり前のことになったけど、これは実はかなり最近のことなんだよ。今のほうが登山者はずっと増えているけど、山は昔より圧倒的にきれいになったんだよ」

山本さんが昔の山の話を聞かせてくれた。意外だったが、そのころは土にかえるからいいと、紙くらいまでは平気で置いてきていたそうなのだ。そういえばゴミを平気で海に捨てたり、川に汚水を垂れ流したりしていたのは、そんなに昔のことではなかった。

人間が生活をするというのは本当に罪深いことだ。だからといって人間をやめられないから、どうすればほかに与えるダメージを少なくできるか。答は簡単に見つからないけれど、考えていかなければならないことだろう。

日本の山も甘くはなかった。低気圧と台風の接近で、せっかくの初の日本国内三千メートル峰登頂ははたされなかった。しかし、キリマンジャロとはまったく違う日本の山を楽しんだ。南アルプスは北とは異なる顔をしていた。入山する人が少ないからなのか、滋味のある味わいが好ましかった。あの学生さんたちのようにザックを担いで山にこもり、いろいろな山に行ってみたい。最低でも十日ぐらい時間を作って、いつか絶対にやってみよう。

知らない世界はまだまだたくさんありそうだ。

ある冒険家との出会い

人生って、ある程度生きていると、だいたいこんな感じで一生いってしまうんじゃないか、いわゆる先が見えてきたという感じになるのだろうと、ちょっと前までは思っていた。私も立派にそんな年代になっているのだが、困ったことにこのごろ先がまったく見えなくなってしまった。

この先、自分がどんな人間になってしまうのか、どんなことをやってしまうのかも分からなくなってしまった。

山なんてものに出会ってしまったおかげなのだ。

もちろん、それは嬉しいことでもある。山はさまざまな出会いを私にもたらしてくれ、もう一回別の人生が生きられるかもしれないという夢を私に抱かせてくれるようになった。

あるとき、偶然にもひとりのエネルギッシュな女性に出会った。

父が晩年、船医として働いていた会社が、新たに客船を就航することになった。父の在籍中にはまだ客船がなかったが、父はよく「客船の船医をしたかった」と言っていたのを思い出し、すすめられるままに就航間もない客船「飛鳥」に乗った。

乗組員の中には当時の父を覚えていてくださる方もいて、縄をよりなおすように新旧を結び合わせる縁が生まれた。船は私たち家族が何度も訪れたことがある大好きな国、ニュージーランドに向けて航行した。

彼女はその船で働いていた。長い航海を終え、休暇で下船するたびに私を誘っていろいろな人を紹介してくれた。山が好きな私に合わせて、彼女の家でアウトドア好きな友だちを集めたパーティを開いてくれたことがあった。

その席に冒険家・九里徳泰《くのりのりやす》、美砂夫妻がいたのが、その後の私の大きな変化へつながるひとつのエポックだったような気がする。美砂ちゃんと彼女は以前一緒に仕事をしていた仲間である。

偶然は偶然ではなく必然だという人もいるが、まさに偶然は偶然を呼び、次にこの仲間で集まったときに、九里君が山と溪谷社（以降、ヤマケイ）の林弘文さん、札幌秀岳荘の阿部恭浩さんと一緒に現われた。林さんにはキリマンジャロから帰ってすぐ取材を受けており、会うのは二度目だった。

「今度みんなで登りましょう」

と約束し、別れた。

それがヤマケイとの出会いであり、今回の誘い、念願の三千メートル峰につながっていった。


キリマンジャロから帰ってすぐに行った甲斐駒ヶ岳、仙丈ヶ岳以来、一年ぶりの山だった。

彼らは、私が「今度こそは三千メートル」と思っているなんて全然知らないことだった。たまたま誘ってくれたのが、偶然にも標高三〇四七メートルの南アルプスの塩見岳だったというだけのことである。

私はピークハンターではないから、そこが何メートルあろうと実はどうでもいい。甲斐駒、仙丈のように頂上を踏めなくても特に残念とも思わない。それより条件が悪くて頂上からの景色が見られないほうががっかりする。山は行くだけで充分楽しい。その過程で、日頃都会では見ることもできないものに遭遇できたら幸せだし、もしそれすらなかったとしても、通常と違う世界に身を置くことで、必ずなにかを感じとることができる。そのことが最高の喜びだった。

それでも、山の高さなどどうでもいいとはいいながら、乗り越えられなかった三千メートルのハードルを今回越えられるかどうか、やはり楽しみだった。

晴天続きのこの年の夏、雨など降ろうはずがないという毎日だった。

早朝、カメラマンの内田修さんが運転する車に乗って中央高速を快適に走り、私と美砂ちゃんの口も快調に飛ばしていた。爽やかな日差しも気持ちよかった。渇水状態のダム湖が見えたので、

「たまには雨も降ってくれないと水不足よねえ」なんて話をしているときだった。

朝からずっと無口だった内田さんが、

「大丈夫、ぼくの行くとこ必ず雨ですから」

「えっ……?」

内田さんはこの業界では雨男で有名なのだそうだ。

「登山口についたら大雨だったりして!」

そんなこと絶対にありえないと誰もが確信して冗談を言い合っていた。ところが、ところがである。やっと鳥倉林道の登山口に着いて、さあこれからと思ったとき、本当に雨が降ってきてしまった。信じられなかった。またしても雨。それもかなりの量だ。水不足で毎日ニュースになるほど雨が降らなかったのに、なにも今日降らなくたっていいじゃない。

呆然としてしばらく待機していたが、四時ごろ、やっぱり行くっきゃないと出発した。

道は整備されて歩きやすいが、半端じゃない量の雨が降っているので、あっという間にぬかるんでしまい、歩くのに神経を遣う。とにかく早く着かなくてはと黙々と歩いたものの、出発が遅れたために三伏《さんぷく》峠小屋に着いたときは、あたりはもう真っ暗になっていた。

三伏峠小屋のご主人が仁王立ちで待っていて、

「こんな時間に到着するなんて非常識」

と、怒られてしまった。今回はサポートで来てくれたカメラマンの菊池哲男さんが先に到着しており、小屋のすぐ下にある三伏沢テントサイトで場所取りをしながら、いっこうに来ない私たちを心配して、行ったり来たりしていたのだそうだ。それを見て、ご主人もすっかり心配してしまったらしい。

土砂降りの雨の中で大急ぎでテントを張った。

仲間と一緒に登るのが好きだから、ひとりでテントに泊まることはないだろうと思っていたが、今回は九里君の紹介でひとり用のテントを手に入れていた。そのテントを初めて使うのも、今回の楽しみのひとつだった。慣れないのでモタモタしていると、九里君たちが手伝ってくれて、あっという間に完成。思ったより広くて温かで快適そうだ。まだなにをやっても初心者だから、ひとつひとつの経験が新鮮で嬉しい。

あわただしく食事をして、支度もそこそこに就寝。キリマンジャロの小屋で使ったシュラフにくるまれて、外は雨音が強くて寒いけれど、私は温かくて幸せな気分だった。

翌朝は晴れ！　のはずだったのに、目が覚めたらテント越しに雨の音が聞こえた。がっくりしながら起き出すと、ほんの少し晴れてきたので、徐々に晴れることを信じて出発した。

木の間をぬって登っていく。展望台のような本谷山（二六五八メートル）からいくつかの山々が見渡せるようになって希望が湧いてくる。道は再び樹林帯を下っていき、本谷山から見えていた塩見岳が次第に離れていくようでなんだか不安になる。せっかく登ってきたのに、下ってしまうのはとても損をした気分になる。

それでもまた大きくうねった道を塩見岳目指して登っていく。「あとちょっと」「もう少し」と励まし合って登るけれど、あとちょっとも、もう少しもなかなか終わらない。

まだまだと思っていたらあっけなく視界が開けて、そこはもう塩見小屋のすぐそばだった。

やっと晴れ間も見えて気分は最高。岩の上でみんな明るく記念写真を撮った。この写真だけ見るととてもあんな大雨の天気だったとは思えない。

ひと休みして菊池さんが担ぎ上げてくれたグレープフルーツ・ゼリーをいただいた。喉越しが良くておいしかった。でもこんな重いものを人数分持ってくるなんて！　彼のザックには、ほかにも重いシャンパンや花火、予備のマットなど、不思議なものがたくさん入っていて、みんなから〝謎の登山者〟と命名された。

森林限界を超え、大きな岩に取りつきながら一歩一歩を必死に登っていくと、また雲ゆきが怪しくなってきた。

「今度もまた越えることができない三千メートルの壁なのかしら」

と冗談を言いながらも、なんとか山頂へたどり着いた。

「国内初の三千メートル峰登頂！」

と喜んでいたら、ポツポツと雨が降り出してきた。感激もつかの間、強く降り出す前に岩場を下りてしまわなければ危ないから、急いで下山する。

それからはもう散々だった。どしゃぶり、稲光、大きな落雷の音、登山道はまるで川。テントが流されていやしないかと心配だった。

ずぶぬれで辛いはずなのに、これはこれなりに面白くて、美砂ちゃんと私はなぜか笑いながら歩いていた。

「危ないから人と人の間は十メートル間隔をあけて歩け」

雷に慣れている内田さんに何度か怒鳴られた。目の前の稜線に雷が落ちるところも見てしまった。

本当に危なかったのかもしれない。でもなんとかテント場に帰り着くと、心配だったテントも水場も無事だった。

翌日も空はどんよりとしている。休日で人も多いから早く下りようとテントの中で荷物を作っていると、

「田中さん」

と、聞き慣れた声がする。

「うん？」

と思いながらなおも作業を続けていると、もう一回囁くように、

「田中さん」

と、林さんの声。

あっ、私だ！　市毛では目立つから田中さんと呼ぼうと夕べ決めていたのに、すっかり忘れていた。林さんは、人が多いからしばらく出てこないほうがいいと知らせてくれたのだ。

団体登山の方たちが記念撮影を終えて出発してから、そっとテントを出てみんなで大笑い。私は背が低いほうだし目立たないから、山登りをしていてもほとんど気

九里夫妻と塩見岳に登る。
雨にたたられた山行中の、奇跡的な数分間の晴れ間に撮った一枚

づかれないので忘れていたが、職業を自覚させられるひと幕だった。

そして私たちも記念撮影。

大雨になり、本領を発揮した〝嵐を呼ぶ男〟内田さん。おいしい食事を作ってくれた細かい気配りの林さん。すっぽかされたかもしれないのにテン場を守り、秘密兵器をたくさん持っていて各所で楽しませてくれた〝謎の登山者〟菊池さん。そしてきわどいところで冗談ばかり言い合って、いつまでも友だち気分の九里夫妻。取材で登るのは初めてだったから、彼らのようにその道のプロと山歩きをしたのも初めてだったが、彼らの話や視点は面白く、なおかつ上げ膳据え膳の大名登山だった。親しい人と笑いながら登る山は本当に楽しい。波瀾万丈もかえっていい思い出になる。

塩見岳はなかなか渋くて素敵な山だった。

鳥倉林道に戻ると、そこにはアウトドア・ライターの斉藤政喜さん、通称〝シェルパ斉藤〟さんと、以前一緒にバーベキューをしたことがある九里君の友だちが待っていた。斉藤さんとは、最近転がり込むようになった山についてのトーク番組で、一緒に山歩きの旅の楽しさを話して友だちになった。その彼が九里君の昔からの友だちだったことがあとで分かり、世の中の狭さを感じた。

私は長野県の大鹿村《おおしか》という名前はここへ来るまで知らなかったが、この静かな村に偶然にもたくさんの仲間が集結してしまった。自然を愛する人たちにはとても有名な村だったのだ。

山という遊びを通じて、知らず知らずの間に友だちの輪が広がっていた。自然が好きな人たちは、みんな共通に穏やかな顔をしているような気がする。

人生最大のピンチ

ひさしぶりに病院関係の山仲間から、日帰りで気楽に行ける山にみんなで登らないかと誘われた。

このころ、私は人生最大の窮地に立たされていた。結婚、離婚のトラブル、さまざまに絡み合う現実問題……。

問題解決の秘訣とは、ひとつひとつ縺《もつ》れた糸をほどくように解決していくことだと思うが、このときばかりは、すべてが絡み合って糸口が摑めず、精神的に追いつめられて、なすすべもなかった。

自分では明るい性格だと思っていたから、問題の大変さより、こんな精神状態から抜け出せずにただ漫然としていることが腑甲斐なくて辛かった。こんなときは、ささやかな誘いですらも、ひとりじゃないことの証のようで嬉しかった。

行き先は裏妙義の丁須《ちようす》岩と言われた。

信越本線の横川駅前から、一般道を少し歩いて左に入っていったところに登山道はあった。

「きっとハイヒールなんかで登ってきちゃう人がいるのよね」

入口に上級者コースと書いてあった標識を見て、私たちはそれが自分たちに向けてのものとは思わないで、軽いハイキングのつもりで登っていった。もちろん足元はちゃんとしたトレッキングシューズを履いていた。

初冬に近い秋の一日を、絨毯のように降り積もった枯れ葉をかさかさと踏んで歩くのは、このところひさしくなく、心の落ち着く時間だった。

涸れた沢のように切れ込んだところで、道は一度大きく下っているのだが、そのへんでどうもルートを見失ったらしい。あっちこっちとみんなで手分けして探し、なんとかルートを見つけてしばらく行くと、なんとビックリするものに行き当たってしまった。

高くはないが結構すごい鎖場があったのだ。ちょっと見ると、つるつるしてよりどころのなさそうなオーバーハングした立派な鎖場だ。鎖場なんて、私は初めて燕《つばくろ》から常念へ行ったときの喜作新道分岐近くでしか経験していなかった。あれとは比べものにならないくらい、どこに足を置いたらいいのか分からないような大きな岩だった。

それでも、ここを上がらなければ前に進めないし、ここさえ上がれば、あとはきっとたいしたことはないだろうと、覚悟を決めてよっこらしょと登り始めた。

これが思いがけないことに、なかなか楽しかった。登山靴は岩に吸いつくようにしっかりと体を支えてくれるし、「できるだけ岩から体を離して」と言われたとおりにすると、自分が空に浮かんでいるようで、一瞬の浮遊感覚がたまらなかった。

岩をガシっと摑むのも、確実にひとつひとつを手の内に入れていく、まさしく「手応えあり」といった感じで、隠されていた原始の血が騒いでワクワクしてきた。

最後のところは、岩がぐっと突き出しているので、足の置き場を間違えると身動きがとれなくなってしまう。小さい歩幅の足場を見つけられないので頑張って大きく足を上げたら、まるでバレエのバー練習のようになってしまった。体を持ち上げるのが大変だったけれど、体が意外に柔軟なのに自分で驚いた。想像とは裏腹に、思いのほか怖くはなかった。

妙義山の鎖場を行く。
たかだか1000メートルの岩山にもあなどれない難しさを知った

大騒ぎしながら全員が鎖場をクリアして、妙義特有の、右も左もすとんと落ちて扇のようになった細い尾根道を、ギザギザした特徴のある山の景色を眺めながら歩いていった。

目的地の丁須岩は標高一〇〇〇メートルぐらいのものだから、鎖場はもうないだろうと安心していたのだが、そこから先もアップダウンはあるわ、鎖場はいくつもあるわ、切り立った岩場もまだまだ続いていた。直線距離にしたらほんのわずかな距離を、長い時間かけて登ったり下ったり。やっぱりここは間違いなく上級者コースだった。

遠くに丁須岩が本当に丁の字に屹立していた。地図上ではおそらく行程の三分の二近くまでは行っていたと思うが、意外なほど遠くに見えた。

鎖場を何回よじ登ったか分からないが、釣瓶落としの秋の日が大きく傾いていくころ、私たちの前にその日一番の高さの鎖場が立ちはだかった。

リーダーは、

「みんながこれ以上疲れてしまっては危ない。もっとちゃんと調べてくればよかったんだけど、この鎖が最後のものかどうか分からないし、丁須岩の向こうも鎖場だったら時間がかかりすぎるので来た道を戻ろう」と、みんなに意見を求めた。たった一〇〇〇メートルあるかないかの山だって、遭難するときはする。

「こんな一〇〇〇メートル程度の山で遭難したら格好悪いわよ」

と、みんなの意見も一致して、来た道を戻ることになった。

行きが大変だったから帰りもかなり時間がかかるだろうと覚悟しながら戻ったが、不思議なくらいあっけなく、登山口に戻ってしまった。だったら行けたんじゃないかとも思ったが、慎重に越したことはない。

気楽に行ってしまったが、裏妙義の山々は慣れた人でも気を抜けないところだと、あとになって知った。

丁須岩を含むこのへんの岩山は、まるで中国の山水画のような幻想的な姿だった。不思議な形の岩が数えきれないほど重なったこの複雑な地形は、いつごろ、どうやってできたのだろう。太古の昔に思いを馳せ、その幽玄の世界に魅了された。

標高も低く、それほど人気の高いコースのようではなかったけれど、変化に富んでいて、枯れ葉を踏む感触や、木や土の匂い、岩の手触りなど、五感を心地良く刺激してくれた。たった一日、この自然に包まれただけで、私は確実に癒されていた。

「少し太ったじゃない。元気そうだわね」

行楽帰りの人がいっぱいで、座る席もない帰りの電車の中で、入口付近で立ったままの私は友人の言葉に誘われるように、

「ううん、実は全然元気じゃなかったの」

と口にしていた。正確には、ひどい落ち込みはなんとか抜け出し、やや回復に向かっていたのだが、一年近く続いた低空飛行は、自分には終わりがないかのように思えていた。

「珍しく食事もあまり進まないのに、なぜか太ってるの」

「ストレスが溜まると代謝が悪くなるから太ることもあるわよ」

看護婦さんだから言うことも明快で、落ち込んでいる私を変にねぎらうでもなく、今の状態をあるがまま受け入れてくれている感じに私は救われる思いだった。

なんとかしなくては！　とあせって、抜け出せないでいたのが、「無理して抜け出さなくてもいい、もう少しこのままでいてみよう」と少し開き直ることができ

た。

この一年は、もがいても、もがいても、どうしても抜け出せない泥沼の中に私はいた。

物事は表裏一体。嫌なことでも良くとればなんでもないが、悪くとれば良いことでもいくらでも悪くなる。ただ前向きなパワーが出ないほど心が落ち込んでいるときには、どんなに良いほうに考えようとしてもできないものだ。

長く仕事をやってきて、楽しく仕事をすることとチームワーク作りにはちょっと自信があった。特に取り柄もないのに、人との和だけでここまでやってこれたといっても言い過ぎではない。そんな私が唯一の取り柄の明るさをなくしてしまったのだ。

憧れて自ら選んで女優になったけれど、なかなか仕事に慣れることができず、始めたからには中途半端ではやめられないと思いつつ続け、いつしかこんなに長くやってしまった。

華のある女優には狂気にも似たものが潜んでいるという。ごく平凡に育った私にそんなものがあるわけもなく、日常の中で普通でいることは当たり前のことだった。

でも人を感動させるのに普通でいいわけがない。いつまでも普通っぽい感覚から抜けられずにいることがコンプレックスでもあった。

こんな、ただの人が、人前で表現をするなんて、そんな大それたことをしていいのだろうか？　目立とうと思ったり、人から注目されたいとあまり強く思わない人間が、こんな仕事をしていていいのだろうか……。

そんな私でも、年を経ているだけで大女優と言われることがある。そのたびに、そんなたいしたものではない、と恐縮してしまう。社会通念やお世辞で大女優という言葉を使っているだけだと思えばいいのに、表面的なことが嫌いで生真面目に反応しすぎてしまうのだ。

人の和には自信があるなんて言ったって、ちょっと落ち込んだだけで、もうこの世界で友だちといえる人はいないなんて思ってしまうほど、希薄な人間関係しか作ってこなかった。劇団のような大きな組織に属していない限り同僚がいるわけではないから、元気のないときはひどく孤独感を感じてしまう。いったい、長年なにをやってきたんだろうと思うと情けなかった。

向いていない……。やめたい……。

長い間浮かんでは消え、消えては浮かんできた気持ちだが、このときほど強く思ったことはない。まわりで起きている問題とは別の、自分の内なる問題だった。でも、仕事も私生活も、すべてが縺《もつ》れ合い、絡み合ったこの状態では、やめることも許されなかった。

幸い私には学生時代の友人や、仕事以外の友人がいて支えてくれた。そして山に行っていれば、時折見知らぬ人に指差されることはあっても、いつでも、ただの人でいられた。

山は、自分の力で一歩踏み出さなければ、誰も登らせてくれない。どんな人も対等に、やったことが、やっただけ自分にかえってくる。そして山の仲間たちが、ひとりの人間として当たり前に接してくれたことで、私は芸能人といわれる特殊な人ではなく、普通のひとりの人間であっていいのだと思えるようになった。

丁須岩に行ってからしばらくしたある日、遊びにきていた小さな子が、キッチンの棚からレシピを引っ張り出して、部屋中に散らかしてしまった。しかたなく片づけているうちに「このところずっと料理らしい料理を作ってないなあ。ケーキなんてどれぐらい作ってないかしら……」と思った。

今からなら、みんながいるうちにできるかもしれないと思い、急いで材料を買い揃えてケーキを作った。時間が足りなくて半焼けのところもあったのに、みんなはおいしいと言って食べてくれた。

みんなが喜んでくれたのが嬉しかったのだろう。それからひと月、毎日ケーキを作り続け、気がつかないうちに、いつものように元気な自分に戻っていた。ケーキを作るという行為が、食べることに、そして食べることが生きる気力につながっていったのかもしれない。

仕事は人生のすべてではなく、生きることが人生の主役なのだ。人生には仕事より大事なことがあると思った。

そして逆説のようだが、私には山を含む自然という別の世界があるから、そこで自分らしい自分を取り戻せるから、女優という仕事を続けていけるのかもしれないと、少しずつ思えるようになった。

かなり時間はかかったが、やっと長い低空飛行から抜け出せる兆しがみえてきた。

八甲田と安達太良山

この数年、青森に縁があって、公私ともに訪ねる機会がたくさんあった。東北地方は、地吹雪、恐山、いたこなどの言葉から暗く閉ざされた最果てのイメージがあるような気がするが、実際に行ってみると、当然のことながらバラエティーに富んでいて、北海道の牧場のような開放的な景色も多々見られ、決して暗くはない。特に十和田湖、奥入瀬《おいらせ》渓流、八甲田山のあたりの自然の美しさは、春夏秋冬訪れても、ただの一度も裏切られたことがない。

飛行機で三沢空港に向かうとき、八甲田連峰を眼下にしながら、いつかは登りたいなと思い続けていた。

登山を始める前は、山は見えていても見ていないと同然だった。以前富山駅に降りたとき、それまでに何度も来ている富山だが、立山を見ていなかったことに気がついた。山を好きになってみると、真っ先に山が目に飛び込んできて、登ってみたいなと山を見つめ、憧れにも似た気分に浸っている。

八甲田登山のチャンスは意外に早くやってきた。一九九四年、憧れの八甲田山にヤマケイの取材も兼ねて紅葉を見に行こうという誘いが九里徳泰、美砂夫妻からあった。実は夏に地元の人たちと約束をしていたのに、時間がとれなくてあきらめていたので、もちろんＯＫ。ちょっと綱渡りのスケジュールも無理矢理クリアしてしまった。

谷地《やち》温泉から高田大岳（一五五二メートル）、八甲田小岳（一四七八メートル）、八甲田大岳（一五八四メートル）、毛無岱《けなしたい》、酸ヶ湯《すかゆ》に下りるコースである。

前日はちょうど青森で仕事をしていたので事務所の人もおり、約束していた地元の人たちも来てくれて、みんなで谷地温泉に泊まった。

食事をしながら、九里君たちと前回の南アルプスの話などで盛り上がっていた。あまりにも楽しそうに山のことを話していたので、マネージャーは「なんだか見知らぬ人を見ているようだ」と驚いていた。

夜中に大きな地震があったが、今度こそ天気に恵まれて素晴らしい紅葉が見られるものと、誰もが翌日の好天を信じていた。なのに……。

翌朝はまたしても雨。

私は、せっかく来たのだから決行しようと主張したが、山に慣れているみんなは慎重でなかなか出発しなかった。小雨になったのに、天気予報では落雷の危険アリと言っているそうで、中止するかもしれないという雰囲気だった。

しかたなく美砂ちゃんを誘ってお風呂に入ることにした。ここのお風呂は、白い酒粕のような成分が浮いていて、硫黄の匂いがする素朴な温泉だ。

「しょうがないから今日は一日中温泉に浸かってますか？」

もう温泉三昧でもいいかと納得して思い思いのことを始めた途端、雨が上がったから行けるところまで行ってみようということになり、大あわてで支度をした。

お風呂に入ってしまったので暑くて暑くて、半袖のTシャツ一枚でふやけた体を引きずるように歩き始めた。

「あっ、シメジだ！」

「これ、ナメコじゃない？」

まずは私の大好きなブナの樹林帯を、キノコを見つけながらワイワイと登っていった。

登山道はいきなり急な登りになった。雨上がりでぬかるんでツルツル。ちょっと緩やかになると、川のように水がたまっていて非常に歩きにくい状態だった。

キリマンジャロに登るときに、田部井さんからいただいたまま大事にしまってあった靴を今回初めて履いている。初登山の時に一生間に合うつもりで買った靴が、意外にも山歩きが五年間も続いたので傷んでしまい、記念の靴を下ろすことにしたのだ。これには私なりの感慨もあった。それなのに、大事な靴はあっという間に汚れて貫禄がついてしまった。

木々の背丈が低くなると、前にも増して道は急になり、階段のように踏み固めてある足場を歩こうと思っても、足場の一歩が高すぎる。私の足が一歩にちょっと足りなくて、このもう一歩をどこにかけようか悩んでしまう。まわりの灌木に掴まりながらやっと登った。

「ロッククライミングに向いているかもしれないね」

足の長い九里君が、必死に登る私をからかいながら登っていった。

出発が十時三十分過ぎと大幅に遅れたので、ひたすら急登を頑張り続けたが、あとほんの少しで高田大岳頂上というときに、お腹がすいて力が入らなくなってしまった。

「林さーん、お腹がすいちゃったんですけどー」

「ハーイ、シャリバテで休憩しまーす」

と、編集者の林さんが前を行く九里君たちに大声で叫んだ。〝シャリバテ〟？ 不思議な言葉だ。山の隠語で「空腹で動けなくなる」ことを、ごはん＝シャリにひっかけてそう呼ぶらしい。

大きな岩の上でひと休みした。谷地温泉の小屋を見渡せる斜面一帯の紅葉は、色つきは少々早かったようだが、薄緑の微妙な色のクマザサに赤や黄色が映えて優しい色調をなしていた。

このころになると、天気は予報をすっかり裏切って青空が開けていた。私は軽く甘いものをお腹に入れ、ひと息ついて元気になった。

高田大岳頂上で昼食。朝の天気を考えると、三百六十度の大パノラマは拾いものだった。

今回のカメラマンは内田さんではなく小川清美さん。やはり山のベテランである彼は、

「あの天気図からしたら考えられないよね」と言っていた。運が良かったというだけなのか？　それとも私が〝晴れ女〟に生まれ変わったからかしら……。

戻るか進むか協議の結果、八甲田大岳をあきらめて仙人岱《せんにんたい》から酸ヶ湯のコースで進むことに決定。昼食後、八甲田小岳に向けて出発した。

湿原を抜けてから延々と続くササヤブの登山道。小岳などとあなどれない急な山だ。

「ヤブコギする女優なんていないよね。こんなの絶対、誰も信じないよね」

先頭を行く私をまたみんながからかっている。〝ヤブコギ〟とは密生した藪をかき分けながら進むことだそうだ。強い弾力性のあるササヤブを、手や体で切り開くように歩くのはなかなかハードだ。〝ヤブコギ〟という不思議な言葉をまたひとつ知った。

今回登れなかった八甲田連峰の最高峰、八甲田大岳を右に見て、いつか必ずまた来ようと自分に誓った。それにしても、雨は多いし、登頂できない山ばっかり。いくらピークハンターではないといったって、これでは負け惜しみで言っているような気がして、ちょっとイヤになる。

仙人岱ヒュッテでひと休み。湿原はとても美しかったが、そろそろ日没も気になり出して、そそくさと酸ヶ湯に向けて歩き出した。尾瀬のような木道が大変歩きやすい。

穏やかな湿原の中にある湧き水で喉を潤す。しばらく行くと、それまでとはがらりと変わって硫黄臭の漂うおどろおどろしい裸地となった。山はいろいろな表情をもっていて、歩いていて飽きることがない。

日はどんどん暮れてきて、あと少しだからと思ってもだんだん気があせり出した。出発が遅れたために、高田大岳往復だけのつもりが、奇跡的な天候回復のために、急きょ、酸ヶ湯に向かうことに変更したのは、やはり少し行程に無理があったようだ。

日がすっかり暮れると、さすがというか、日帰り登山なのに全員がヘッドランプをつけ始めた。石ころだらけの沢のような道を歩くのは、ヘッドランプの明かりだけではいささか頼りなく、声をかけ合い、助け合って、一歩一歩、慎重に慎重に歩かなければならなかった。

「このメンバーで行くと必ずなにか起きるよね」

「少なくとも、こんな時間に山を歩いていてはいけないね」

「まったく、非常識だよね」

前回の南アルプスと同様、反省の言葉とは裏腹に、苦境にあってもみんなでそれを笑いにしながら歩いていった。それにしても、なんでこうなってしまうのだろう。

日が暮れてから、私たちの歩くスピードはどうしてもがっくりと落ちていた。先はまだまだ長いと思っていたころ、まさかと思うような光景に出くわした。数個の明かりがこちらに向かってくるではないか。

「うわー！　キツネが迎えにきちゃったよ」

誰かが言った。本当にそんな感じだった。

あの山の中では、キツネが行灯《あんどん》を持って迎えにきたとしてもなんの不思議はなかった。私は御用提灯を持って捜索隊が来たのかと時代錯誤な錯覚を覚えた。まるで映画のワンシーンのようだった。

高田大岳から戻らないで小岳のほうに前進すると決まったとき、一緒に登った地元の知人が、連絡のためにひとりで先に行ってくれたのである。山登りは初めてだと言っていたが、きっと彼はものすごいスピードで駆け登り、酸ヶ湯まで駆け下りてくれたのだろう。ライトを持っていないで私たちが苦労しているだろうと思い、ランタンだったか懐中電灯だったか忘れてしまったが、私たちのぶんを余分に持って仲間とともにまた上がってきてくれたのだ。

やがて暗闇の中に、その日の宿、酸ヶ湯の灯がぽっかりと浮かび上がった。

九里徳泰、美砂夫妻との取材山行も三回目になった。今回からヤマケイの担当編集者が林さんから久保田賢次さんに変わった。カメラマンは八甲田に一緒に行った小川さん。

なんとか雪山に行きたいと計画していたところ、ひさびさに田部井さんと一緒に行けることになった。なんとも心強い同行者だ。山は安達太良山《あだたら》（一七〇〇メートル）に決定。

のんびりさせてもらいにときどきお邪魔していた、安達太良の麓の田部井さんのロッジにひさしぶりに泊まった。九里夫妻と久保田さんを紹介し、小川さんは紹介するまでもなく田部井さんのお友だちだったから、あっという間にみんな親しくなった。翌日の計画を話しながらおいしい山菜料理をいただき、おおいに盛り上がった。

そういえばこのとき、なんと、お風呂の写真を撮られてしまった。

ヤマケイの取材は仕事というか、自分の楽しみというか、単純には線の引きにくいものなので、事務所も私に任せてくれていた。しかしテレビなどで入浴シーンなどがあるときは、事務所はとても気を遣ってくれるので、たとえヤマケイとはいってもそれは困るなんて、久保田さんや小川さんにうだうだ言っているうちに、さっさと田部井さんが支度をして、

「気持ちいいわよー。早くいらっしゃいよー。市毛さーん、美砂ちゃーん」

「ヒエー！　田部井さん入っちゃったー。どうしよう」

——これは、きっと小川さんの陰謀に違いない。

出発の朝、このへんの山を熟知している田部井さんが、あちこちに連絡をして天候を確認してくれた。結局、風も強く霧も出ているようなので、箕輪《みのわ》のスキー場のリフトで山頂下まで行くことになり、田部井さんと一緒に田部井さんのロッジの支配人、河崎行雄さんも私たちと出かけることになった。

キリマンジャロに登ったときに揃えた雪山の装備を、歩き出す前にもう一度チェック。あのとき以来初めて使う道具だった。歩くと代謝がよくなって結構暑がりなので、普段の帽子をかぶるつもりでいたが、雪の山は冬の金時山などとは違うらしく、

「稜線は寒いからそんなのじゃダメ」

と、九里君がフリースの帽子を貸してくれ、田部井さんからスカーフ、久保田さんからオーバー手袋と、借り物だらけになってしまった。

リフトを降りたところで田部井さんは準備体操を始めた。やはり登山者の鑑《かがみ》だ。私たちも一緒に体を動かしてから出発した。

一歩一歩踏みしめて歩く田部井さんの歩き方を、とてもきれいだと九里君がしきりに感心していた。私は世界の登山家と冒険家に挟まれて登っている。それも雪山の歩き方をひとつひとつ教えてもらいながら登るなんて、なんと贅沢なことだろう。思いっきり自慢したい気分だった。

雪が積もっているので夏の登山道とは違う道を歩けるため、ある意味では雪山は歩きやすいのかもしれない。

突然、田部井さんが雪に大きく足を取られてはまってしまい、
「なぁーんだ、田部井さんでもこんなことがあるの」
と、みんなで大笑いした。灌木が雪に埋まっているところなどでは平らに見えても雪が薄く、「気をつけてね」と言いながら、仲良くみんなはまり、いつものように笑いの絶えない登山になった。

天候があまり良くないのであたりは暗く、風はヒューヒュー泣くように吹き、霧が立ち込めて不気味な雰囲気だった。そんな中、みんな必死に登っているのに、なんだか笑いになってしまうのは、世間で言われるイメージとは違って山好きの人って本当は陽気なのかしら？　それとも私たちだけなのかしら？

箕輪山をあとに雪の斜面を下り始め、笹平のあたりで熊の足跡を見つけた。田部井さんがストックで以前見た熊の足跡を描き、今のはまだ子供だろうと教えてくれた。しかし、親もいるかもしれないから気をつけなければならないと言う。ちょっと緊張。

次第に天気も回復し、雪の斜面に雪の影が言いようもなく美しく、幻想的な絵を描いていた。九里君はテレマークスキーをザックにくくりつけて登っていたので、

田部井淳子さんたちと冬の安達太良山へ。
箕輪山から鉄山へと向かう

その美しい斜面を見て我慢しきれなくなったのだろう。美砂ちゃんにザックをあずけてテレマークターンで滑り降りていってしまった。彼はまるで雪の影と戯れているように楽しそうに滑っている。さながらダンスのようだ。そんな彼を見下ろし、美砂ちゃんたちと登り始める。

彼女は九里君の荷物も持って、なんでもない顔で歩いていた。

九里君と美砂ちゃんを見ていてつくづく思うのだが、共通の趣味をもっている夫婦は絆が強いようだ。九里君たちは山登りや冒険旅行をともにしているのでなおさらだ。山登りはどんな低い山でも、ある種の極限状態になり、人の本質を見せてくれる。山はお互いを理解する格好の場となる。結婚相手は一度山に連れていくべきだ、と遅ればせながら思う。

さて、田部井さんと美砂ちゃんと私は女同士の会話に余念がなく、男の人たちによくしゃべるなあ、とあきれられた。でも、山男だって世間のイメージのように無口ではない、実はかなりおしゃべりだと、私は密かに思っている。

昼食をとろうと鉄山避難小屋に急いでいたとき、向かい側の斜面に熊のような姿を発見した。

「熊は右足を前にして稜線を上に向かって歩いている」

小川さんが三百ミリの望遠レンズをつけたカメラをのぞいて熊の様子を教えてくれた。みんな興奮していた。とりあえずこちらには来ないだろうからと、避難小屋で昼食をとることにした。

田部井さんのザックからはおにぎり、鮭、卵焼き、そして、お餅やお菓子まで出てきて、まるで、ドラえもんのポケットのようだった。大きさは私のと同じぐらい、重さは私の方が重そうなのに、どうしてあんなに入っているのか不思議だ。ザックの詰め方に秘訣があるのかもしれない。一度教えてもらわなければ……。

昼食をとっていてもみんな熊が気になっていた。急いですませて表に出たが、熊は先程と同じ稜線にまったく同じ形で止まっていた。

「なーんだ、灌木だった」

と、小川さん。またひとしきり大笑いになった。まったく小川さんったら！　でも本当に熊でなくてよかった。

空はすっかり晴れ、また元気に出発した。

馬ノ背のあたりからは、雪の中から荒涼とした錆色の地肌が見えている、雪におおいつくされた冬の安達太良はかなりの迫力がある。夏の安達太良もきれいだろうけれど、これを見ただけでもこの季節に来てよかったと思った。

岩が雪解け水でくり抜かれたような道を、一度下り、岩を巻くようにして稜線に出ると、この夜泊まる予定のくろがね小屋が真下に見える。美砂ちゃんがちょっと雪に足を取られていた。

雪解けでぐちゃぐちゃになった道か、雪があってずぼずぼとはまる道か、どちらにしても歩きにくい稜線の道を、お日様を背にして歩き続けた。女三人の歩きぶりを、男たちは女同士張り合っていると言っていたらしい。別に競争なんかしていない。「女同士は……」と固定したイメージで決めつけないでと、ちょっと不満だった。

最後に険しい急な登りを越えると、目指す安達太良山の山頂である。ドキドキしながら岩に取りつくと、雪の中、気持ちがぴりっと引き締まった。

山頂の小さな祠の前で、田部井さん、九里君、美砂ちゃんと記念撮影した。この四人の写真は私の永久保存版だ。

田部井さんはその日一日だけしかいられないので、ここでさよならだった。河崎さんと二人で下りていく田部井さんの背中を見送りながら、別れを惜しんで手を振る私たちは、なんだかお母さんに置いていかれた幼稚園の子供のようだった。

九里君はまたテレマークで滑り始めた。私たちは、「めんどくさいからお尻で滑っちゃおっ」と、それぞれが雪と戯れていた。

くろがね小屋にたどり着く、ほんの数十メートル手前で、私はみんなと離れて別のルートを取った。ちょっと近道できるかなと思っただけで、別に深い考えがあったわけではなかったが、そこで、ハイマツの根元に足がはまってどうにも抜けなくなってしまった。結構長い時間抜けられなくて四苦八苦していたけれど、誰も助けにきてくれない。たぶん、みんなは私がトイレに行ったと思ったのだろう。そういえば私がルートから離れた場所には小さな小屋があった。

なるほど、目的地の数メートル手前で遭難することもあるというのはこういうことかと思った。必死になって足を引っ張り、やっとの思いで抜け出して小屋に到着したが、誰も心配してくれてはいなかった。

案の定、みんなは私がトイレで遅くなっていると思っていたようだ。

くろがね小屋には温泉があった。その夜は思いっきり温泉三昧。硫黄の匂いのする温泉は残り香があって、いつまでも得した気分でいられる。今回は天気も良かったし、こんなにくつろいで楽しめる登山もあるのだと、とっても幸せだった。翌朝もお風呂に入ってしまい、九里君に注意された。言われて初めて注意書きを見ると、「朝の入浴はいけない」と書いてあった。

山を登るたびに、今まではまったく知らなかったいろいろな遊び方があることを知った。九里君のやっていたテレマークもなかなか面白そうだ。

「やりたいと思ってできないことは、なにひとつない」

田部井さんが言っていたこの言葉を、今なら実感できる。青春といわれる時代にはまったく無縁だった世界だ。もったいないことをしたかもしれないが、まだまだ取り戻せる。そのために、もう少しわがままになっても許されるような気がした。

雪山は白一色で、すべてのものは冬の中に閉じこもっていると思っていたが、木々の芽は精一杯ふくらんで、間違いなく春の準備をしていた。生きているものすべての力強さを感じる。

自然は本当に素晴らしい。

3 遊びの名人

アウトドア留学

二十数年俳優業をやっていると、駆け出しのころのように仕事に忙殺されることもなくなり、精神的に日々余裕がもてるようになった。

そして、ここ数年、山に登るようになり、キリマンジャロのような大きな自然と対峙する機会を得て、ますます自分自身をあらためて見つめ直すことが多くなった。人間が生きるってなんだろう。自分自身が自分らしくいるってなんだろう。自分らしい自分ってどんな人間なんだろう。

自分はいったい何者かを知りたい。そのためには、やりたくてもできないできたことをなんでもやってみようか……。なんらかの端緒になるかもしれない……。

そんなことを思うようになってから、英語をしゃべれるようになりたいという、長年忘れていた希《ねが》いがよみがえってきた。

もし英語を勉強するチャンスが作れるとしたら、方法はこれしかないというものがあった。それは、必要に迫られること、隔離されることである。あなたまかせのようだが、無理矢理でもこういう形を作らなければ、なかなか集中して勉強はできない。

旧ソ連に仕事で約一カ月滞在したことがあるが、当時、英語を話す人が少なかったので、日々の生活のために必死でロシア語を覚え、なんとか過ごしたことを思い出した。恥をかなぐり捨て、無手勝流に覚えていったそのときの体験と感触から、英語もこうやればきっと覚えられる、いやこれしかないと思っていた。

船舶免許を取ったとき、合宿という隔離された状況だったから、あの短い間にいろんなことを覚えられたのだと思う。東京にいたら雑用は限りなくあるし、電話はかかるし、よほど意志が強くなければ一日のうちに勉強する時間を見つけるのは難しい。ところが合宿所の寮では自分で食事を作らなくてもおばさんがおいしいごはんを用意してくれていたし、ベッドと机だけある一畳半ほどの小さな部屋だったが、勉強だけに集中できる空間もあり、本当にありがたかった。

もう一度真剣に英語を勉強し直してみようと思った。それには外国に行くしかなかった。

登山を始めたのがきっかけで、山、スキー、水泳、ボート、カヤック、ダイビング、釣りと、さまざまなスポーツを始めて、運動音痴だったはずの私がそれなりに成果を上げていた。運動を始めたことで体格が変わり、体力に自信をもてるようになった。そしてなにより、やればできると実感していた。

チャンスは突然やってきた。運良くといっていいのか、三カ月の連続ドラマの話が直前でキャンセルになり、いくつか前々から約束していた仕事以上の予定は急には入らないと分かったのだ。

とにかく遠くに身を置こう。自分を見つめ、日本を見つめ直して、長いことやりたかった勉強をもう一度やってみよう。

「ハロー　ナイス　トゥー　ミート　ユー」とかろうじて言って、あとはニコニコ笑顔を作るだけという屈辱的な状態はもう嫌だ。

私が選んだ学校は、ニュージーランドのオークランドから車で二、三時間の小さな海辺の町にあり、午後はアウトドア・アクティビティーをしながら語学研修をするという、小さな学校だった。

三カ月ぐらいの滞在で英語がマスターできるなんて、そんな甘い期待を抱いたわけではない。ただ大好きなアウトドアの遊びをしながらなら、もしかしたら身につくかもしれないし、ダメだったとしても、ずっと取れなかった大きな休暇を取ったと思えば、納得がいくような気がしたからだった。

九月に決心して十月にはニュージーランドの田舎町にいた。

薄暗くなった空港へはホストが出迎えてくれていた。彼らはとても親切なご夫婦で、いろいろ気を遣って話しかけてくれるのに、なにひとつ満足に答えられず恐縮してしまった。とにかく翌日から学校だから早く休まなくては、と、さっそく食事になった。ニュージーランドは春まだ浅いころだったので外はすでに真っ暗。間接照明だけの薄暗い食卓を囲み、ただ黙って食事をしながら翌日からの生活を思い描いて、すでに心細くなっていた。

張りきって来たものの、その日から三カ月、私は失語症になり、今まで言えたような簡単な英語まで言えなくなって、切ない日々を過ごすことになった。

若くないぶん、知識はあるわけだから、先生の質問の大半は知っていることだし、自分なりの意見ももっている。しかし、その意見を英語で表現することができないのだ。

身のまわりのことにしても、食事の支度、掃除、洗濯、なんだって自分で一人前に、イヤそれ以上にできるのに、他人の家にお世話になっていてはなんでも聞いてからでないとできない。しかし、お皿一枚片づけるにも、なんと言っていいのか分からない。

会話の本を暗唱してドキドキしながら手伝いたいと言っても、ペラペラペラっと早口で答えられるからかえって分からなくて、結局試みる前より哀しくなってしまう。まるで新人女優のころのようだった。

女性にとって家事から解放されるのはありがたいことだ。ここに来たのも、そういう状況をあえて作ろうと自ら企んだことなのに、実際には、言葉はまるで二歳児以下のまま。なにもかも世話をしてもらうと、人間としての存在価値がないような気がしてきて辛くなる。言葉が不自由なのはこんなに哀しいものとは想像もつかなかったことだ。

遊びながら英語が修得できればいいと思って取ったアクティビティーのレッスンでも、ほとんどのレッスンが初心者向けなので、やることには問題はなかった。トレッキング、カヤック、乗馬、アブセーリング（懸垂下降）、ボートフィッシング、陶芸、フェルトメイキング、ボーンカービング、ニュージーランド・クッキングなどいろいろなことをやってみた。

しかし、やっていくうちに、ここでも自分自身の欠点を嫌というほど知らされた。日本人の総体的な傾向のようだが、与えられたことは生真面目に黙々とやるのに独創性がない。見本があればかなりそれに近いものを作れるが、ないとなにもできない。これは女優としての自分と同じだとも思った。それに、私は遊びを遊びとして楽しめない。結局、ひたすら自分の欠点を見つけ出してしまい、行き詰まっていった。

分かっていても手の打ちようがなく、ただうずくまっているような気分のままで、予定していた三カ月はあっという間に過ぎようとしていた。

三カ月間なんの成長もない自分にほとほと嫌気がさした。実際に担任のヘレンが真剣に心配してくれて、二人で涙したことも数知れない。

それでもほんの少しでもなにかを吸収していたのだろうか。知らない間に、うずくまっていた幼児はやっと立ち上がり、ゆっくりと歩き出していたのだった。山と同様、一歩を踏み出しさえすれば、いつかはきっと頂上に着くだろう。

ニュージーランドに滞在中、仕事のために三回くらい日本に帰ったので、せめてもう二カ月、一度も日本に帰らないですむ状態をなんとか作らせてほしいと事務所に頼んだ。前回以上の無理を承知で頼み込み、あと二カ月延長した。

そのことをホストに伝えると、「良枝は家族だからいつまでも喜んで」と言ってくれたのが、涙が出るほど嬉しかった。

自転車で通学する道すがら、あたりの自然を満喫する余裕もようやくもてるようになった。そんな自分に驚いたり喜んだり、残りの学生生活はまるで青春を取り戻すかのようにエンジョイしていた。

英語の成果なんてなくてもよかった。スタートラインにつければいいと思ってここに来たのだから、当初の予定はクリアした。

言葉の勉強の秘訣はただひとつ、「心を開くこと」だった。あとは、一生を通じて自分でやっていける、いや、やっていかなければ、これでいいという終着点はない。だって日本語でさえ満足にはしゃべれないのだから。

「良枝さんはしゃべれていいなあ。私は全然分からないからなんだか哀しくて哀し

英語を身につけるためにニュージーランドに留学。
クラスメイトとともに担任のヘレンと

くて。私だって、なにしろ歳だから……」

お昼休みをみんなが過ごす公園で、六十代半ばの日本人の同級生とこんな会話を交わしていた。言われた私のほうが信じられなかった。

「私だって、ちゃんとしゃべれているわけじゃないですよ。三カ月まったく無口で通したくらいなにもしゃべれなかったんだから。今だって、ただ、友だちと話したいことがいっぱいあるから、できないなりにいろいろ話しているだけで、英語ができてるわけではないんですよ」

「良枝さんが三カ月もしゃべれなかったなんて、いやー信じられないなあ。どうしたらいいんですか？　どうやって勉強したらいいんだろう」

今回の滞在では勉強以外なんの余裕もなかったので、ほかの町に住む友人に会えずにいた。せめて最後の一週間を本当の休暇とし、友人にも会いに行こうと思っていた。この日はそんな私にとっての学校最後の日だった。

確かに学校での彼は、分からないとほかの人に日本語で聞いてしまったり、一見自分の世界だけで生きているような雰囲気だった。孫ほどの若い同級生たちは、「彼とどう接していいか分からなくてちょっと困る」とも言っていた。しかし、アウトドアのレッスンのとき、彼は何度も何度も懸垂下降に挑戦して上手に下降した。その光景を若者たちは見て、彼のパワーと年齢を超えて勉強しようとする姿勢に、文句なく「すごい」と尊敬の眼差しを送っていたのだった。彼は山に登っていると言っていた。

六十を超えて家族を残し、一年間もニュージーランドに滞在して英語を学ぼうとしている。そのまさに始まりのときだったのだ。

なんとかしてあげたいと思った。でも時間がなかった。

「自信を持ってください。歳をとっているということは、知識があるということ。日本語の語彙も豊富だということなのだから、絶対にマイナスではありません。あきらめないでください。私だって同じ気持ちでこの数カ月を過ごしたんですから」

そんな彼に自信を失ってほしくなかったので、翌日、友人のいる南島に移動する飛行機の中で、学校宛に彼への励ましの手紙を書いた。

「あなたにはニュージーランドにもうひとつの家族がいることを忘れないでね」

と、ホストマザーは言ってくれた。

五カ月の滞在の最大の収穫は、なによりもシンプルに暮らし、質素で堅実な彼らの暮らしを見せてもらったことである。この金満国家の日本に暮らしていても、彼らのようにシンプルに暮らせるかもしれない。この暮らしぶりを手本にしていきたいと思った。

それにしても、大人になってからする勉強っていいものだと、心から言える経験をした。夢は限りなく追い続けよう。いくつになっても、もう遅いなんてことは絶対ない！

遊びの舞台は南の島

人に山好き人間、海好き人間がいるとしたら、両者は決して融合することがないようにいわれている。では、私は山好き人間と言いきれるかというと、そうでもない。どうも私はなにかひとつを極めるタイプの人間ではなく、拡大拡散していくタイプのようだ。

どちらも自然というカッコでくくられて、絶対にひとつには絞りきれない。山だろうが海だろうが、自然は本当に素晴らしいし、自然に触れて、自分がなにを感じるのか、どう変化するのか、そこが面白くて興味はつきない。

もしかしたらナルシストなのかもしれない。

さて、突然ハワイへ行くことになった。毎年冬から春にかけて、九里美砂ちゃんのご両親がハワイに滞在しているので、「だったらみんなで行きたいね」と誰かが言い出した。あわてて仕事を調整した私と、同じくたくさんの仕事をなんとか処理した九里君、そして九里君の友人のカメラマンの和田直樹さんも急きょ加わって、バタバタと準備をし、先に行っている美砂ちゃんの待つハワイへ、本当にバタバタと出発したのだった。

いつもの山のメンバーでの初海外旅行になった。九里君があらゆる手段を駆使して手に入れてくれた格安搭乗券のために、出発三時間前のチェックインを義務づけられ、成田空港のカフェテラスで長い長い搭乗待ちをすることになった。

しかたないから、暇つぶしに今回のテーマを決めることにした。「Cheep & Rich」。徹底的に安くすませて、なおかつ気分は思い切りゴージャスにいこう。それが私たちの〝正しいハワイの過ごし方〟だということに決定した。

宿泊は、美砂ちゃんのご両親が滞在しているワイキキの真ん中にあるコンドミニアム。

着いてすぐ、まずは昼寝。夜出発して飛行時間が六時間半では、時差ぼけしないと自慢している私でも絶対的な睡眠時間が足りないからとにかく寝た。これはその後のために正解だった。

次に、ザ・バスのチケットを買った。四日間乗り放題で十ドル（約千五百円）。オアフ島はバスルートが充実しているから、このチケットの利用価値は高く、私たちのようなチープな旅には必需品である。

ホノルルに来て山に登る人は少ないだろうけれど、私たちとしては山に登らなければ始まらないではないかということになった。以前、ダイヤモンドヘッドに登ったことはあったが、ほかにもいいコースはないかとガイドブックで探し、早起きしてトレッキングに出かけた。

バスでハウウラ・ループを目指した。運転手の乱暴な運転がかえって心地良く、誰ひとりバスの揺れに抵抗できるものはなく、すやすや眠ってしまった。

「このへんだ！」

と言う九里君のひと声であわてて降りると、そこがまさに入口だった。事前に地図を見ていたから、道のカーブでそう思ったというが、熟睡していても分かるなんて並大抵の能力じゃない。冒険家とはこういう人のことなのかしら？

ここからのルートは三つある。

「なんだかこのごろは、いろんなやつが入ってくるが、結構危ないところもあるんだ」

登山口を探して歩いていると、どこからかおじいさんが寄ってきて、怒っていた。真ん中の道は危ないと言っていたから、左右のルートの、まずは右の短いほうを登ろうということになった。しかし、地図どおりに行ったつもりなのに、なぜか他人の家に入ってしまった。

「おかしいね。でもこの道だよね」

と、なおも歩いていこうとすると、中から人が出てきた。驚いたことに、その人は手に包丁を持っている。怒られたあとだし、一瞬ドキッと身構えた。

「ここはルートじゃないよ。よく間違えて入ってくる人がいるけど、もう少し手前だよ」

と教えてくれた。親切な人でホッとしたが、どうして包丁を持っていたのだろう。

入口から見て、少し手前を左に行き、マンゴーの木のところを右に行けと言う。戻ってみると目立たない小さな標識があって、そこを入ると、確かにガイドブックにも載っているとおり、道の真ん中にマンゴーがあって、ルートらしきものが二つに分かれていた。でも実がなっていなければマンゴーかどうか分かりにくい。

まずは右のループに入っていった。ループは距離も短く高度も低いけれど、歩くにつれてクックッと上がっていって、まわりの木がいい感じに変化し、とても魅力的なトレイルだ。なによりいいのは、青いハワイの海を常に視界に入れて歩けることだ。

昼食は海を見晴らす稜線でパノラマを楽しみながらとった。右は海、左は濃密な緑におおわれたオアフの山々が、原始のままの姿で私たちを癒してくれる。

下りる途中、見たこともないような幻想的な森の中に、三十センチほどもある松に似た木の葉が降り積もっていた。あまりにも気持ち良さそうで、思わずその場に寝ころがった。雨がほんの少し降ってきたが、森の中までは届かない。ひとしきりそのままで寝ころんでいると、なにか大きなものにくるまれているような感じがして、不思議に気持ちがくつろいだ。

再びマンゴーの木のところまで戻り、左のループを行った。こちらはがらっと雰囲気が異なり、ジャングルのような木があったり、真っ赤な花が咲いていたり、なんともトロピカルなトレイルだった。

一日中山の中にいても、たった二組のハイカーに会っただけである。ワイキキの喧騒が別世界のように感じられて、これこそ正しいハワイの過ごし方だとの思いを強くした。

帰り道、飲み物を買おうとうっかりコンビニに入っていたら、バスが目の前で二台も行ってしまった。このあたりまでワイキキを離れると、バスは一時間に一本見当しか来ない。そのため、一時間半も停留所で待たされた。九里君は寝てしまうし、和田さんは写真を撮りにいってしまうから、私は動けない……。

さんざん待って、やっと乗ったら、今度はどしゃぶりの大雨に見舞われ、なぜだか途中でバスを乗り換えさせられた。

なかなか厳しい旅になってしまい、着いたらもう七時を過ぎていて、待っていた美砂ちゃんたちを心配させた。

南国のバスの予定はあってなきもの。そんなところも、南国の良さと思えば楽しい。

美砂ちゃんは体調が良くないのでワイキキ界隈の遊びのみ参加して、今回はサポーターとして調査と手配を引き受けてくれていた。

次は、「送迎付きレンタル三十九ドル」というカヤックツアーを見つけて、島の東側にあるカイルアビーチに行くことになった。小さな町の小さなモールの中の小さな店で、シット・オン・トップのカヤックを借り、隣の店で水と食料を揃え、オーナーのコース説明を聞いてツーリングに出かけた。

もっとお金を出せばガイド付きツアーもあったけれど、私たちは三人だけで自由に行くほうを選んだのである。しみじみ日本と違うと思ったのは、安全なところ、危険なところを丁寧に教えてくれるが、あとは本当にほったらかしにしてくれることだ。自分たちでカヤックを運ぶのは、ビーチまでちょっと距離もあって大変だけれど、気楽で、なんとも南国的でいい感じだ。遊びって本来こういうものだ。

砂浜まで艇を引きずってゆき、遊泳区域外の指定されたところから漕ぎ出した。天気はいいし波は穏やかで、最高のカヤック日和。出発に結構手間取り、目指す四キロ先の無人島にお昼までに到着しなくてはと、男性二人はかなりのスピードで飛ばしているから、必死に漕いでついていく。

途中カヤックを楽しんでいる地元の人らしき数人を見かけたものの、基本的には大海原に三人だけだった。環礁の中を、私たちが登ったのと同じようなオアフの山々を眺めながら進むと、教えられたタイムどおりに目的地が見えてきた。太平洋に寄り添うように二つの島が並んで浮かんでいる。その間を流れる潮流のせいで波が乱れ、上陸しようと思うあたりは、うまく直角に入らないとひっくり返されそうで緊張する。

シット・オン・トップは波の穏やかなときは開放感がたまらなくいいのだけれど、ちょっとでも波が出てくると足が踏ん張れないのがとても辛い。私が上陸しようとしたときだけ奇跡的に波がおさまって、なんとか無事に上陸できた。

シット・オン・トップで珊瑚礁にひっくり返ったら、無惨に全身ギザギザになっただろう。一応まだ現役で女優をやっているから、傷だらけの顔では日本に帰れなくなってしまうではないか。そう思うと無事でよかったと胸をなで下ろした。

午後は釣りをしたり、潜ったり、散歩をしたり、好きなことをして過ごした。私は日焼けが恐ろしいから、バスタオルにくるまってミイラのようになって昼寝をしていると、九里君と和田さんが「亀だ、亀だ」と騒ぐ声が遠くに聞こえていた。二人にはあきれられたけれど、なんにもしないでのんびりすることで、ハワイの自然を充分に満喫した。

私たちが行った山も海も、ワイキキからバスで一ドルで行けるところだ。ワイキキの繁華街を離れて車で十五分も走れば似たようなところはいくらでもある。なにもハワイ島やカウアイ島に行かなくても、誰にも煩わされないで自然との一体感を味わえる場所がオアフ島にはまだまだある。

買い物や観光、食べ歩きでもない、こんなハワイの過ごし方もあるのだ。ただほんのちょっと視点を変えるだけのこと。私はハワイへはすでに何回も来ているし、オアフ島以外の島もひととおり見ている。実は、ハワイはもうこれ以上行かなくてもいいかな、とこのところ思っていた。しかし、今回来て、もう一度ハワイを好きになることができた。

山菜料理の達人

木が好きで、特にカラマツやブナの林に色気を感じ、なんだかドキドキしてしまう。

そんなことに気がついたのは、もうずいぶん前に、北海道に映画のロケで一カ月ほど滞在したときのことだった。

春を迎える直前の北海道は、車が雪解けの道をかき回して泥だらけにし、山も野原も見渡す限り枯れ木と枯れ草におおわれていて、薄茶色の泥と枯れ葉の色しか見えない、一年中で一番きれいじゃない時季かもしれない。北海道に滞在していた間、そんな荒涼とした景色をただぼんやりと眺めていた。

それがある朝、毎日見慣れていた景色にいつもと違うなにかを感じた。遠くに見える山の緑が、うっすらとピンクに輝いているような気がしたのだ。なんだろうと気になって、毎日それとなく山の木立を見つめるようになった。

本当に気づかない程度にうっすらと、毎日、毎日、ひと刷毛《はけ》、ひと刷毛、色を重ねていくように山の緑が光を増していき、そして突然、オーケストラがシンフォニーをいっせいに鳴り響かせ、心地良いメロディーを奏で始めるように、花という花が一気に咲き誇り、冬の眠りから目覚めるように木々が芽を吹いていった。

私を惹きつけた山の緑のピンクの光は、春の準備が整った木の芽がふくらんだ色だったのだ。

あのとき以来、カラマツの林を見ると胸がきゅっとなって、なんだかときめいてしまうのだ。あんな瞬間を味わえるのなら半年間雪国に閉ざされてみたいと思っている。雪国の人がそんなことを聞けば、住んだことがないからそんな気楽なことを、と言われそうだ。しかし、春のあの素晴らしさのために、閉ざされた半年間の辛抱があるのではないかと私は思う。

華著なブナが寄り添うように大きなブナのそばに立っている、そんなブナ林も四季折々私の心をときめかせる。

九里君と美砂ちゃんと、また新しい遊びをやろうということになり、森林インストラクターの林幸樹さんと山菜ツアーに行こうということになった。行き先の月山は、そのときまさに新緑のころ。フキノトウには遅いけれど、ウドやワラビは？　山菜の王者、タラノメはあるのかしら？　とワクワクしていた。

月山へはヤマケイの林さんの運転する車で向かった。山菜料理で有名な麓の出羽屋に泊まって、山菜料理図鑑というものがあるのなら、まるでそこから抜け出したような極めつきの山菜づくし料理を堪能した。「山菜イコール素朴」と解釈していたら、それははっきり間違いだと思った。山菜で、こんなにもゴージャスな膳をしつらえることができるのかと感動するほど豪華だった。

私はつい最近までまったくのインドア派で、アウトドアの遊びの初心者だから、ジャンル別に師と仰ぐ人がいる。山菜の先生は今回同行の林幸樹さんだ。林さんは九里美砂ちゃんのお兄さんである。美砂ちゃんは仕事上は旧姓を名乗っているので、この場には三人も林姓がいたことになる。そのため彼は、このツアーから〝林アニ〟と呼ばれるようになった。

彼は料理の達人でもあって、月山山菜ツアーの私たちの目的は、静かな月山のキャンプサイトで、自分たちの山菜料理を楽しもうというものだった。それには、まずいい食材を見つけなくてはならないから、翌朝は早くから行動を開始した。

月山山麓は、私の大好きなブナが期待どおりに、この季節特有の輝きのある新緑を一面に放っていて、私はドキドキ、ワクワクしていた。あまりにもたくさんの緑が一気に新しい命を発散させるので、緑の色が目にしみて、私などには、どれが目指す山菜なのかまったく分からない。

それなのに〝林アニ〟は、最初のうちこそ、「これはフキノトウの花の部分が伸びて茎のようになったものです」などと、森林インストラクターらしく初心者向けの講義をしてくれたけれど、時間がたつにつれてすっかり山菜の世界に入り込んでしまった。

頭も体も、特に眼はしっかりと山菜モードに切り替わって、突然、「車を止めて！」と叫んだと思ったら、車から飛び降り、傾斜のきつい木立の中を駆け上がって姿を消してしまう。あれあれとビックリして待つ私たちの前に、しばらくして彼は収穫を口にくわえて戻ってきた。なんとも派手なパフォーマンスを演じて、私たち凡人を煙にまいてくれたのだった。この一面の緑の中でも、彼の眼には目指す山菜が見えるらしい。

いやはやどこの世界にも名人といわれる人はいるものだ。

そうこうするうちに、私たちの眼もおっとりと山菜モードに切り替わっていって、折り重なる緑の中から愛らしい山菜を見つけることができるようになった。

ここは〝林アニ〟のフィールドなので土地の様子を熟知しており、山菜が群生している貴重なところに案内してくれた。おかげで一日でいろんな山菜を採ることができた。もちろん立派なタラノメもゲットした。詳しい人に現場で説明してもらうと、思いがけないものも食べられることが分かって楽しい。観賞するだけだと思っていたスミレやニリンソウ、アザミなどの可憐な花でも食べられると知り、びっくりしたが、食べるのはちょっと可哀相……。

そして、持って帰るのは必要最小限でなければならないこと、翌年もまた楽しませてもらえるように、枝を折るときに気をつけて採らなければならないことなどを、丁寧に教えてもらった。これは山菜だけの話ではなく、自然に入っていくすべての人が心がけなくてはならないことだとあらためて思った。

この日の食事には充分なほどの山菜を抱えて、緑に染まるキャンプ場に移動し、食卓の準備にかかった。〝林アニ〟の考えてきたメニューは、またも、山菜のイメージをくつがえすような、山菜のデザートまである洋食のフルコースだった。私たちも張りきっておいしいものを作ろうと、てきぱき動いて料理はどんどんでき上がっていった。みんな出羽屋に対抗してまるで料理の鉄人のようだ。

やがて料理はでき上がり、〝林アニ〟持参のサルナシ酒の炭酸割りをワイングラスに注ぎ、テーブルクロスにすべてを並べると、あまりの美しさにみんなうっとり。全員でカメラを抱えてしばし撮影大会になった。

ブナに囲まれた美しいキャンプサイトで、ランタンのほわーっと温かい明かりに照らされて、ワインを片手にリッチな山菜ディナーをいただいた。山菜のほろ苦さは大人の味。子供のころ苦手だったほろ苦さが分かる年齢になっている。ああ！大人になるのも悪くはない。

人のいない静かなキャンプサイトでテントを広げ、その夜はくつろいで眠りについた。

春夏秋冬、自然はいろいろに形を変えて、昔から私たちにその恵みをもたらしてくれる。登山とはずいぶん味わいが違うが、自然から与えられる感動はどちらも同じ重さがあった。

東京にも昔は、河原や原っぱなど身近なところにまだまだ自然があった。多摩川の河原でツクシを採ったこともあったのに、今では東京にはコンクリートに囲まれた自然しかない。自宅の近くにも最近まで原っぱがあり、近所の人たちが長い間「原っぱのまま残してほしい」と運動していたのだが、福祉のためという名目でビルが建てられた。都会ではこのうえもなく贅沢な場所だったのに、原っぱはなくなってしまい、取り戻せない大事なものを失ってしまった。

都会にも〝林アニ〟のように自然についてなんでも知っている人がたくさんいた時代があったはずだ。私がいつも行く青森や、田部井さんのロッジのある福島には、釣り名人、山菜名人、キノコ名人、雪降ろし名人など、本当にたくさんの名人がいる。それだけ自然と生活が密着しているのだろう。彼らの生活はとても大人っぽく見える。

都会での暮らしはなんだか生活感が希薄で、生活力のある人イコールお金を稼げる人になってしまった。しかし、本当はなにもないところでサバイバルできる人が、生活力のある人ではないだろうか。

オートキャンプはキャンプ道具をなんでも車に積めるから、行動するときは身軽に必要な物だけを持って、歩くのもホンのちょっとだけ。荷物の量も歩く量も圧倒的に少なく、体は楽で、かなり贅沢ができる。それはそれでいいのだが、どうも私には、体を動かす量が少なすぎて鈍ってしまいそうな気がして落ち着かない。

これが登山だと、必要なものはすべてザックに詰めて自分で背負うので、余分な物は持ちたくない。でもなにを入れるかで、安全な山行ができるか、行程を楽しめるかどうかの分かれ道になるので、必死で考える。そこが自分の工夫のしどころであり、私にとってはそれが好きなところでもある。

登山か、それとも身軽なオートキャンプか、どっちがいいというのではない。ただオートキャンプをしてみると、「昔の人のように籠を背負って全行程歩くべきだったかな？」などと思ってしまう。これだけ世の中が便利になってしまうと、あえて不便な生活をしないと、便利さに自分がスポイルされてしまいそうなのだ。少し変わっていると自覚はするが、私はどうも不便なことが好きらしい。

小さいころからどういうわけか変な危機感をもっていて、鉛筆をナイフで削れない人になりたくない、薪でごはんを炊けない人になりたくないと思っていた。こんな私だったから、初めての登山であんなに山が好きになったのだろうか……。

贅沢や豊かさが、人の幸せに結びつくというのなら、その幸せとはいったいなんなのだろう。山に登り始める前から考えてきたのだが、こうやって日常と違う世界に身を置くことが普通になってくると、かえって分からなくなってしまう。

ひとつだけよく分かるのは、どうもほかの人とは違うらしいということだった。特に私の仕事の環境では、その違いが際立ってしまうので、できるだけ触れないでいようと思っている。

いい車に乗って、超一流のレストランで食事をしたり、人が買えないような豪華な洋服に身を包むことが幸せと思える人たちと、どうしても同じ価値観で話ができなくなっている。その考えが間違っているとも、悪いことだとも思ってはいない。俳優業が人に夢を売る仕事だとしたら、人にできない生活をし、常に美しくいるのは間違ってはいない。むしろ正しい。人にはさまざまな価値感があり、それぞれの考えがあっていい。

ただ私は、そういうことを幸せとは思えなくなっている。どうも、女優業の帝王学からどんどん遠ざかっていってしまったようだ。

形而上的なもの、心の中にあるものに、幸せを求めるのは難しいことかもしれないのだが……。

クロカンに凝ってます

都会が大好きだった。都会の乾いた人間関係を心地良いと感じていたし、田舎の好奇心いっぱいの人間関係をうとましいと思っていた。しょせん、人の心なんて似たりよったり、取り澄ましていても人の内側をのぞき見たい人もいれば、親切にしてくれてもほどよい距離を保つ人もいる。結局、その人の中身でしかない。だからこそ放っておいてくれても触れ合いの場が作れる都会のほうが自分に合っていると思っていた。

新宿の副都心のような無機質できっぱりした景色が、たたずんでいても心落ち着く空間だった。

自然の息吹はビルの谷間にふと咲いている雑草の花からでも感じられるし、より際立っていじらしく見え、感動も大きいと信じていた。

見たいと思えば、映画でもお芝居でもすぐ手の届くところにあり、すべての文化の発信地である東京を一番素晴らしいと思っていた。

でも私は都会生まれではなかった。だから都会志向の人間だと、会う人ごとに言っていた。

静岡県の伊豆半島の田舎町で生まれたが、なんだかなじめないまま、いじめられっ子という立場に甘んじた少女時代を過ごし、いい思い出もあまりなかった。離れてからも伊豆を故郷《ふるさと》だとはどこかで認められなかった。

両親も都会の生活が好きだと言って私を育てていたので、中学入学のために東京に出ることは親にも子にも自然のことだった。

そして実際出てみると、東京の空気は自分にしっくり合った。

仕事を始めても、全国を飛び歩いていたから日本中の美しい自然に触れることもできたし、その素晴らしさも知っていた。そして、必要ならそこへ行けばいい、自分にはその程度の自然で充分だと思っていた。

それなのに、本当にいつのころからなのか覚えていないが、いつの間にか、東京にいることを息苦しいと感じるようになっていた。町を行く人が、まるで怒っているようなとげとげとした感情を振りまいて、他人をはじき飛ばそうとしながら歩いているようで、東京という町はストレスだらけになっていた。東京に暮らしているというだけで傷ついてしまいそうな感じがあった。

そういえばまだ新人女優といわれるころに、軍艦島とも呼ばれる長崎の端島《はしま》という島に行ったことがあった。石炭景気の時代には華やかな生活が営まれたと想像できる雰囲気を、そのまま残して無人島になっていた。

当時としてはかなり近代的だったと思われる九階建てのコンクリートの学校、その学校へ濡れないで通えるように、渡り廊下でつながれた住宅。

その住宅の中を見て、私はその日一日、口がきけなくなってしまった。いつ住人がいなくなったかは知らないが、昨日まで生活をしていたのに、翌日にはもういなかったのではと思われる痕跡が至るところに残っていたからだ。絵日記、人形、洋服を出そうとして開いたままのタンス……。あまりにも身近なものばかりなのが、幸せなときと廃墟のありようをくっきりと対比させていて、いたたまれなくなった。

その直後香港に行き、猥雑な香港の町のエネルギーに圧倒されながらも、ここだってもしかしたら軍艦島みたいになってしまうかもしれないと思ったら、洗濯物がはためいている高いビルが一瞬にして無人のビルになった光景が目に浮かび、恐ろしかった。

そして東京も同じだと思った。

やはり仕事でアメリカのオレゴンに滞在したとき、広大な砂漠を見ていると、ふとその景色に、新宿の高層ビル群がニョキニョキ生えてくる光景がオーバーラップした。いきなり眩暈《めまい》がするような恐怖感を覚えた。

こんなことを想像する私が変なのかもしれない。しかし、長崎の軍艦島が象徴するように、繁栄があれば、その裏返しに衰退はある。繁栄の中から生まれたものは、未来永劫存在し続けるものではないし、それをなんとか維持しようとするから東京のようにストレスだらけになってしまう。

だったら荒涼たる砂漠の中で、いまだに西部劇の時代と変わらないような暮らしをしているオレゴンの人たちのほうが私には共感できる。

九里君と一緒に遊んでいて、私と近い感覚を雑談の中でくみ取ることができるのは、ひょっとしたらそのあたりの価値感かもしれない。

彼ってどんな人なんだろうと、興味をひかれて九里君の著した本を読んでみた。

学生のときから彼がやってきたことは、日本の経済最優先の社会からしたら、なんの役にも立たないことかもしれない。人力で地球を歩いてみよう、などという彼の冒険は、一見馬鹿に見えるかもしれないが、そんなことをやるからこそ人には見えない真実を見ることができるのではないだろうか。私がシンプルに生きたいと思うのと、彼のやっている冒険はどこかで共通している。だから彼の話を面白く感じられたのだ。

若いけれど敷かれたレールをあえてはずして生きてきた、彼の内面の強さを改めて見直した。そんなすごい人とは知らずに私は一緒に遊んできたのだ。

私はここ数年、これまでの運動音痴を返上して、もっぱら体を動かすスポーツを次々やってきた。

「努力」「根性」「汗かく」、嫌い。プールは濡れるからイヤ。夏は汗をかくから体は動かしたくない。冬は寒いから家の中にいたい。体育会系の人はなんだかひとりよがりで押しつけがましい感じがして好きじゃない。スキーはファッションが人工的な感じがしてイヤだし、滑り降りるだけのものが楽しいとは思えない。

こう並べるととても恥ずかしいが、すべて実際私が発していた言葉である。

最近、人が変わったようにいろいろなことをするようになって、あのころのことを知る人から、

「ねえ、プールは水に濡れるから嫌いだって言ってなかったっけ?」

と、言われることもある。もちろん言ってましたと謝るしかない。最近は思ったことをそのまま言わないように努力しているが、どうも口と脳が直結しているおっちょこちょいな性格なので、思ったことをつい口に出して恥を重ねることになる。

運動に対する興味が遅れて目覚めたぶん、好奇心はつきないから、自然の中で味わえる遊びはすべてやってみようと、心惹かれるものは全部やってみている。

秋になって、クリスマスのリースを作るために材料集めをするというので、美砂ちゃんと一緒に〝林アニ〟林幸樹氏が主宰する「くまっこハウス」に参加した。「くまっこハウス」というのは、春は果実酒の材料になる木の実を集めたり、夏は釣りと山菜採り、秋はクリスマスリースの材料を集め、冬はクロスカントリースキー(クロカン)などの遊びを、園児と称する参加者に教えてくれるグループである。

都内のある大学の構内で、松ぼっくりやドングリを拾った。松ぼっくりもドング

りも、小さいころからよく知っているつもりだったが、いろいろな形のものがあった。ドングリはブナ科の木の実の総称なのだそうだ。

私たちがガサゴソと拾っているすぐ脇を、学生さんたちが通る。広い構内に人が集まってなにかを探していても、学生さんたちは特に気をひかれる様子もない。

私たちは彼らの学園生活とは別世界の、小さな大自然の中にいた。不思議な場所だった。都会の中なのに、私たちのまわりだけは山の中とほとんど変わりない、豊かな自然の恵みがあふれているのだ。言い換えれば、都会のこんなひどい環境の中でも、大きな木は自分たちに定められた営みをきちんと全うしているのである。すごいものだ。

見方を変えなければ想像もつかなかったけれど、すべてのものは共存していかなければ成り立っていかないものだとホンの少し分かった。

この構内で拾った松ぼっくりやドングリ、アケビの蔓などで作ったリースは、きらびやかな既製品にない自然のままの本物の美しさがあった。ニュージーランドに行く前にはなかった独創性も少しは生まれたのかもしれない。自然の恵みで作るものは、山菜料理やキノコ料理だけではないようだ。

このところ、山から麓の景色を見下ろしたときに、どうしても気になることがあった。たいていは黒に近い深い緑がおおっている山肌に、夏に使われていないスキー場が、まるで引き裂かれた生傷のように表われている光景を目にしてしまうことだった。自分の皮膚を爪で引っかかれたようなショックを覚え、痛みまで感じてしまう。

以前とは違ってスキーの楽しさも理屈抜きで分かるようになったし、自分も楽しませてもらっているのだが、スキー場はもうこれ以上なくてもいいいんじゃないか、これ以上の開発はやめてほしいと思っている。

開発はみんなの生活を守るため、経済を発展させるためといわれてきて、だからこそみんながこれだけ豊かな暮らしをしていることも分かってはいるつもりだが、これ以上発展しなくてもいいのではないか、もしこれ以上の発展を望んだら、経済より前に環境が破綻してしまうのではないだろうか？　なんだか崖っぷちに立っているような不安を打ち消すことができない。不況は別の方法で解決できないのだろうか。

たぶん私がスキーを始めたのも、続けているのも、あの青森の八甲田連峰のはずれの、地元の人しか行かないような小さなスキー場があったからだ。リフトが二本、ロープトウが一本あるだけの、自然のままのようなスキー場がなかったら、きっといまだにやってはいなかっただろう。

小さいからこそ、そこにいる人々との交流もできるし、いつ行っても家に帰ってきたような温かい受け入れを感じられる。カバーもない吹きさらしのリフトがあるだけだから風の強いときは寒くて辛いけど、遊びのためにざっくりと山を伐り開いて造った立派なスキー場では後ろめたい思いが先に立ってしまい、くつろいで遊ぶこともできない。だってほんの数年前まで、あのキラキラ、ケバケバしたファッションや、音楽がガンガン響くスキー場の雰囲気が嫌いで、ただ滑降してスピードを競うだけのスポーツのどこが楽しいのかと思っていたのだから。

「くまっこハウス」でクロスカントリースキーを教えてくれるというので参加させてもらった。クロカンは自然を身近に感じられそうで面白そうだな、もしかしたらアルペンスキーより私の好みに近いかもしれないと思っていた。

初めてのクロカンの場所は日光の光徳牧場だった。

山の道具はたくさんあるし、スキーも一セットは持っているけれど、クロカンはどうすればいいのか分からない。そこで〝林アニ〟に相談すると、なんと彼はほとんどの人のサイズに合わせて三十セットほど持っているという。初めて履いたクロカン用のスキーは、アルペンに比べて極端に細く軽く、踵がフリーだから、歩くのや登るのは比べものにならないほど楽だったけれど、とっても頼りないものだった。練習コースは平らな雪原なのだそうで、スキー場とはなんだか勝手が違う。まず人のいないところで歩き方を教わってから初心者コースへ入った。

スッ、スッと歩くように言われて、「歩くのなら得意だわ！」と歩き出した。ところがなんとしたことか、転ぶ、転ぶ！　高低差五センチもあるかないかという、ほとんど平坦といってもいいところでコロコロ転んでしまうのだ。

ちょっとした登り坂でも前に行こうと思うのに、クロカンの板にはエッジがないのでＶ字やハの字のままで後ろに滑っていってしまって、せっかく登ったところをもう一度やり直しということもあった。

十分も歩いたら大汗かいてビッショリになること間違いなしだ。それでも山に登っているから上りはすぐ慣れて、結構いけた。木立の中の雪景色に感動しながらごきげんで上っていったが、下りはもうお手上げだった。

このときは特に雪質が悪く、カリカリかと思うとザラザラ、ゴチゴチに凍っているところもあって、アルペンの短い経験で転んだ回数の何十倍かを一日で転んでしまった。尻餅つくのはしかたがないとしても、危ないと思って前に加重すると、なんと前にも転ぶのだ。頭から突っ込んで起きられなくて、ただ呆然としていた。アルペンなら踵が固定されているので、前に加重して倒れることはめったにないのに!

立木に激突すること数回、顔から雪に突っ込むこと数回、体がWの字になって雪に埋まること数回。「自分の体がこんなに軟らかかったなんて知らなかったわ」なんて妙な感心もしたが、この屈辱はかなり耐え難く、「もう二度とやるものか!」と思っていた。

それでも雪の光徳牧場は美しかった。ミズナラなどの林に雪の積もった景色や、そこだけ雪が降り残したような光徳沼はあまりにも神秘的な魅力があり、誘われたら二度目も行ってしまった。

二度目の日光・戦場ヶ原のツーリングは、雪の状態も良く、遠足気分で歩いて本

奥日光・戦場ヶ原でクロカンに挑戦。
雪山の美しさと、雪まみれになる楽しさを知った

当に楽しかった。相変わらず転んだけれど、笑って過ごせる余裕も出てきた。最初に想像したとおり、踵がフリーの靴と軽い板は、林に入っていくのも、バスに間に合わせるために走らなければならないときでも、下り坂でさえなければ、かなり自由がきくものだった。アルペンの滑りも捨てがたいけれど、雪の積もった美しい平原を自由自在に自分のフィールドにできる魅力は、私にぴったりの遊びだった。これで下りが自由にさえなればいいのだが。

二シーズン目を迎えた昨年（一九九八年）は、結構真面目に仕事をしていたにもかかわらず、スケジュールの合間をぬって、八回も日光に通ってしまい、クロカンにも大いに慣れた。

慣れたからといって転ばなくなるわけではないのが、クロカンの気の抜けないところ。かえっていろいろ試して失敗することもあった。「お釜」とみんなが呼んでいる、半円形のスノーボード練習用のスロープのようなところで、少し慣れたのでいい気になって思いっきり滑り降りて、お約束のように転んで、帽子のつばが斜面に当たり、一瞬、目から火が出た。

また、急な斜面を滑り降りると、道がいきなり狭くなって、そこが橋というきわどい場所もあった。みんなに見守られてひとりずつクリアしていったとき、私は注目を一身に集めながらひっくり返って、「川に落ちたかもしれない」とみんなの肝を冷やしたひと幕もあった。

「誰も落ちた人はいなかったから大丈夫」

と、渡る前に〝林アニ〟が励ましてくれたが、あとからひと言、

「今までここで、あんなことをした人はいないと思うよ」

と、ぽつり。

群馬県の玉原《たんばら》高原のスキー場に、あの華著な板を履いていったとき、動きの読めないボーダーや、アルペンスキーの人たちがガンガン飛ばしているゲレンデに長くいるのはとても辛かった。リフトを降りたところの傾斜なんて普通はたいしたものではないけれど、クロカンだと降りた途端に転んでしまうかもしれないと、不安でならないのだ。後ろからくるスキーヤーはそんなところで転ぶなんて思わないからリフトを勢いよく滑り降りてくるだろう、なんて想像しただけでもストレスだらけになってゲレンデにはいたくなかった。アルペンとクロカンと立場が違うだけで、

感じることはまったく違う。

そんなときはクロカンの強みで、込み合ったゲレンデを離れて、鹿俣《かのまた》山に登ることにした。つんのめったり、ひっくり返ったり、相変わらず情けない状態で上ったのだが、人が少なくて小鳥しかいないブナ林の中にいるのは、ゲレンデとは比べようもなく楽しかった。

さほど高くはないピークから一面の雪景色を見下ろして、「ああ！　私は山に登ることがなによりも好きなんだ！」と、今までになく強く感じた。

登山の魅力はいっぱいあるし、そのどれもが好きだけれど、どうも登る行為そのものが好きなようだと、このとき以来感じている。なるべく人のいない山頂で、そっと息づく自然の小さな変化を感じているのが無上の喜びだ。こういうささやかな感動は、人が押し寄せただけであっという間になくなってしまう。決して人が嫌いではないけれど、あまり人が入ってこないようなところへ自分の力で行って、感動を仲間と共有できたら、それだけで私は充分幸せだ。

やっぱりこんな幸せはお金では買えないようだ。

この年のお正月早々、幸か不幸か東京にも記録的な大雪が降った。みるみるうちに雪におおわれていく我が家の前の路地を窓から見ていたら、「板があればここでもできる！」と思い、その日のうちにクロカンの板を買ってしまった。

さすがにまだ家の前では滑っていないが、クロカンなら東京でもできるような気がしている。

私が所属する事務所は東京・渋谷にあり、家から歩いて三十分くらいのところにある。事務所までときどき歩いて行くことがあり、事務所の人たちに嫌がられている。今、それ以上にみんなが恐れているのは、いつの日か雪が降ったら、「シャー、シャー」と音を立てて、私がクロカンで現われるのではないかということだ。

「もし来たら、みんなでいないふりをしようねって言ってたのよ！」

丸ノ内のビル街を外国人がクロカンで滑ってる写真を新聞で見て、私は「なんて格好いいんだろう」と思っていたのに……。まだまだ女優業とのギャップは大きい。

4 自分探しの山旅

舜ちゃん、デビュー

日本の山の良さってなんだろう。しっとりとした潤いのある景色だろうか、それとも、さまざまなものがちりばめられた箱庭のような美しさだろうか。ゴツゴツした岩山も魅力的だし、花を求めて登る低山ハイキングも素晴らしい。

エーデルワイスクラブを主催していらっしゃる、登山家の坂倉登喜子さん（二〇〇八年逝去）と一緒に山に行かせてもらったとき、

「山に行く目的をもちなさい。写真を撮るのもいいし、スケッチでもいい、花を求めて登るのもいい。ただ漫然と登ってはダメよ」

と、坂倉さんはおっしゃった。山でのおしゃれについても、

「登山ウェアはニッカーボッカーに襟のある長袖シャツにベストと、いつも決まったものを着ています。山ではおしゃれでなくては……」

と胸をはる。

ニッカーボッカーもウールのシャツも、以前とは違って、その良さは分かっているつもりだが、最近は新素材のいいものがたくさんあるのでしまい込んで着ていなかった。坂倉さんは確かに、ひと目で仕立てと分かる上品なニッカーボッカー姿で、小さな可愛いブローチをつけて、背筋をすっと伸ばして歩いていらした。

私はどちらかというとおしゃれではないし、登山ウェアの耐久性と機能性がとても気に入っていて、近ごろは普段でも着ていたので、「おしゃれをなさい」と言われたのはちょっと耳が痛かった。

山に行く目的については、仲間とただ楽しく登るのが好きなだけで、目的などと真面目に考えたこともなかったが、これはなるほどと思った。だからというわけではないが、最近、カメラのレンズを買った。写真を撮っていると、自分の眼で見なくなるので、普段の旅のときは、できるだけ撮らないようにしていたが、山だけは例外で自分の記録のためにも撮っていた。そのうち、ちょっといいレンズもほしくなって、ものは増やさないようにと日々気をつけているのに、山のものはこうやって増えていってしまう。この自己矛盾はなかなか解決できそうもない。

ちょっと前に九里君のところに元気な男の子、舜ちゃんが生まれた。子供をもつことはきっとなにものにも代えがたい幸せだろう。母になるという神秘的な体験は、出産の経験がない私にだって容易に想像できる。

九里君と一緒にかなりハードな冒険をやってきた美砂ちゃんは、明るく強靭な女性だから子育ても難なくこなすだろうと思うが、仕事と遊びの世界からしばらく遠ざからなければならないのは少し淋しいのではないかしらと、勝手ながら心配していた。彼女に少し余裕ができたら、なんとか手伝ってでも子連れ登山をさせてあげたいと思った。

「花を見にきれいなところへ行きたいね」「上州の赤城山にツツジを見に行くのもちょうどシーズンじゃない？」「赤城山くらいの低山ハイキングなら、もうそろそろ舜ちゃんも連れて行けるのではないかしら？」「だったら舜ちゃんをデビューさせてしまおうよ」

こんな話が盛り上がり、美砂ちゃんの登山復帰と、舜ちゃんのデビューが現実のものとなった。

登山用のベビーキャリアを手に入れた九里君と美砂ちゃん、カメラマンの小川さん、ヤマケイの久保田さんと私で、六月の花の赤城山に子連れ登山となった。今回は花と子連れ登山の二つも目的があると、ちょっと坂倉さんに報告したい気分だった。

赤城山は、日当たりのいい南面に向けてひろーい裾野をもつ堂々とした山だ。赤城山というひとつの山だと思っていたら、いくつかの山の総称だとのこと。つまり「赤城の山も今宵限り……」で知られている赤城山という名前のピークは、実際には存在しないということであった。山登りを始めるまでは山にいっさい興味がなかったから知らなかったのか、それとも私が無知だったからなのか、こういうケースは日本中のそここの山にあるという。たとえば八ヶ岳や大雪山などがそうだ。

主峰の黒檜《くろび》山（一八二八メートル）は花の咲き具合が今ひとつと聞いて鍋割山（一三三二メートル）を目指した。

広葉樹の落ち葉がふかふかと重なり合っている登山道は、一歩踏み出すごとにかさこそと心地良い音を立て、その弾力が足に気持ちいい。こういう低山の道に私は日本らしさを強く感じる。

細い山道に沿ってレンゲツツジが咲いていて、そこに霧がフワーッとかかり、まるで舞台効果のように、爽やかな朝の雰囲気を演出してくれる。白い大きな花を咲かせているツツジはシロヤシオだと、物知りカメラマンの小川さんが教えてくれた。樺色や白色のツツジとクマザサが、微妙なコントラストを見せているロマンティックな花のトンネルが続き、少し気の早いセミの声と、なにかは分からないヒューヒューという声が遠くから響いてくる。このあたりは樹木の年齢が若いのか、細くひょろひょろした雑木が、まるでバザールでおどけて踊る少年たちのように見えて、面白い。

山頂まであと七〇〇メートル。休憩所に着くと思いっきり日が当たっていて暑く、Tシャツ一枚になってしまった。季節に関係なく、私の登山ウェアは、圧倒的にTシャツが多い。冬はもちろん、夏でも日焼けを避けたいので必ず長袖を着ていくのに、最後にはTシャツになっている。写真を見るといつでもTシャツ一枚。服装だけでは季節が分からなくてあとで困る。

休んでいたら視界は開けたが、見下ろすと雲海しか見えない。朝霧だと思っていたが、晴れているのは山の上だけなのかもしれない。それでも、どこの山に行っても波乱含みだった私たちにとっては、ひさしぶりの好天気の山行だった。

九里ファミリーとともに
初夏の赤城山に登る

九里君は、
「舜にはなんでもさせてやりたい。いろんな体験をさせてやるのが楽しみだ」
と、パパらしい発言をしていたものの、舜ちゃんのほうはそんな親心も知らずに、背中にいると気持ちがいいのか、歩き出すとすぐに寝てしまった。荒山《あら》（一五七二メートル）の山頂に着いたときにはもうぐっすりで、ベビーキャリアを降ろしても全然起きない。

山頂にはなぜか野良犬がいた。かなり上まで車で入れるから、誰かが捨てていくのだろうか。反対側から上がってきた人たちは早めのお昼にしたようで、たくさんの食料を広げてピクニックのように楽しんでいる。犬もおこぼれにあずかったのかな？

数人がくつろげる程度の広さの山頂に、一本の大きなドウダンツツジがスズランのような赤と白の縞模様の花をつけて可憐に咲いていた。

鍋割山に向かって歩き出すと、道が突然急な沢道のようになって、足がかりを見つけにくく、とても歩きにくい。美砂ちゃんはベビーキャリアが引っかかって下りるのが大変になり、九里君が心配して美砂ちゃんと交替した。その間、舜ちゃんはずっとおとなしい。

やっと平坦になり、正面に谷川岳が見えるはずのところまできたが、残念ながら谷川岳は霞の中。実は私は、この翌日、テレビ番組で、山はまったく素人というスタッフを引き連れて谷川岳に登ることになっていた。それであれこれと谷川岳の情報収集もしていたのだ。

そろそろお昼なので場所を探していると、テントが張れそうなくらい大きな一枚岩の上で、ひとりの男性がくつろいでいた。あまりに快適そうなので近くに行くのはちょっと遠慮して、少し離れた岩のところでお昼休みにした。

荒山山頂で会った人たちのようにピクニックをするのもいいが、アプローチの簡単な今回のような低山のときは、私たちはおいしいものは下山してから、ということにし、ランチはコンビニのパンなど行動食程度のものですませる。山の楽しみのひとつである食事はそのときどき、臨機応変というところである。

食後は、柔らかな緑の中にツツジが散りばめられた明るい林の中をひたすら下っていった。荒山高原にはかなり大勢の人たちがやって来ていたが、霧のおかげでまわりの人もそれほど気にならない。

そう思って気を抜いていたせいか、鍋割山に向かう途中で幼稚園児と遠足に来ていた先生たちに、普段どおりに「こんにちは」と挨拶するつもりで近づいていった。ところが、その反応は思いがけないものだった。

「きゃ！　ほらほら、女優さんだよ、市毛さんだよ。この人！　この人！　ほら、握手してもらいなさいよ！」

園児はなんだか分からなくてうろうろしているのに、なおも先生があおるように、大勢で突進してくる。滑稽とは思ったけど、恐ろしくて走って逃げてしまった。

「いやー、恐るべき里山の怪！　今まで何度も一緒に山に行ったけど、こんなことは一度もなかったねー」

九里君たちも驚いていた。

小さいし、決して目立つタイプではないから、今まであまり気づかれずにすんでいた。たまに気づかれることはあっても、山の人たちはわりと自然に受け入れてくれた。野良犬がいたことから、赤城は里山だなあと思ってはいたが、妙なところで赤城は里に近い、暮らしに密接した山なのだと認識した。

鍋割山山頂も、空は晴れていたが麓は一面の霧だった。

高原からトラバースするように、朝とは別のルートをとって歩いていった。沢を越えて、霧に包まれた爽やかな木立と満開のツツジの間をぬって行く道は、どこも気持ちがいい。一カ所だけグチャグチャ、ツルツルの道があったものの、おおむね快適な歩きを楽しんだ。

舜ちゃんはこの山に来たことを覚えていないだろうな……。

私が小さいころ、父の仕事が忙しかったから「どこにも連れていってもらわなかった」と、よく母に文句を言った。写真を見せられると、それなりにいろいろなところに行っているようだが、ほとんど覚えていない。ただ忙しい父の印象だけがあるのだからしかたがない。でも、小さいころのことなど覚えていないから、別段どこかに連れていかなくてもいいということではない。たとえ舜ちゃんの記憶には残らなかったとしても、赤城の山の、ちょうど見頃だったツツジの花の美しさや、朝霧の湿気や木の葉の匂い、パパやママの背中の温かさなどが、彼の五感の中にすりこまれているだろうと私は信じる。

八ヶ岳で叱られて

八ヶ岳は登山者の間で南八ヶ岳と北八ヶ岳に大きく分けられているが、どちらにも八ヶ岳という名の山はない。こういうことって、学校で習ったかしら。

そもそも山の名前って誰がつけたのだろう。全国にも名前のない山はたくさんあるだろうし、北海道には標高がそのまま名前になってしまった山もあるというが、名無しでもこれまで不都合がなかったのだろうか。

私がまだ学生だったころは、軽井沢と並んで清里が憧れのリゾート地だったから、車を飛ばしてちょっとお茶を飲みになんて、八ヶ岳の麓までは何度か遊びにいったものだった。あのころの私は華著な文学少女で、編み物や刺繍も好きだったので、小坂明子の歌う「あなた」の歌詞のように、白い可愛いお家で子犬を横に、編み物をしながら「あなた」を待つような人生を送れたら、と夢見ていたような気がする。

あーー！　なんたる現実離れ！　人生とは思ったとおりにいかないもの。その後の私が、重い荷物を背負って山に登っているようになるなんて、いったい当時の誰が想像していただろう。

北八ヶ岳、通称北八ツには以前、病院の先生たちのグループで登ったことがあるが、南八ツにはまだ行ったことがなかった。

一九九六年九月、その南八ツの赤岳（二八九九メートル）と硫黄岳（二七六〇メートル）を登ることになった。メンバーはいつもの九里夫妻とカメラマンの小川さん、ヤマケイの久保田さん。そして、今回は先生役としてアルパインガイドの遠藤美絵さんにも同行してもらった。一度、登山をきちんと教えてもらいたいという私の願いをかなえてくれてのことである。

自然を相手にした山登りに決まった型があるわけではないが、岩や氷の山に基本的ルールがあるように、普通の登山にも基本があるのなら、それを知りたかったのだ。基本さえ習得しておけば、そのあと伸びるか否かは、あとの情報収集と状況判断と、その人のセンス次第だと思っている。

「九里さんたちは寝坊をしたので、車で追いかけると連絡がありました」

この日、九里君たちは途中で「あずさ」に乗り込むことになっていたので、私たち東京集合組だけが新宿駅の待ち合わせ場所で待っていた。そしたらなんと寝坊したとの連絡があったのだ。

車中で会った遠藤美絵さんは、「この人が登山をするの？」と思ってしまうほど、少女のように可愛らしい人だった。女性の登山家イコール男みたいな人というイメージが一般的にまだまだ根強いだろうが、田部井淳子さんは〝日本のお母さん〟のように温かく、いつ会っても心地良いし、今井通子さんはシンポジウムに出演している姿を見ただけだが、仕事柄か理知的でカッコいい。坂倉登喜子さんはおしゃれでモダンな女性だ。

愚問だとは思ったが、

「どうしてガイドになったの？」

なんて美絵さんに聞いてしまったのに、怒りもしないで、

「学生時代からやっていたから」

と答えてくれた。私だって「どうして女優になったの？」と何百回聞かれても、うまく説明できないのに、他人にはなぜか聞いてしまう。

茅野からバスで登山口の美濃戸口へ。ここから登り始め、美濃戸山荘で九里君たちを待った。顔の広い小川さんが小屋のおばさんと親しいので、手作りのキノコの煮物やお茶をいただいたりしていたが、なかなか来ない。車が渋滞しているかもしれないし、おばさんに「先に行った」と伝言してもらうように頼んで出発した。

柳川の南沢に沿ったルートを赤岳に向かって歩きながら、美絵さんから沢の歩き方、石ころ道の歩き方、橋の渡り方などを教えてもらった。決まった型はないと言ったが、一緒に登ってみると美絵さんの登り方はとてもきれいだ。ゆっくりゆっくり、いつも同じペースで歩いているように見える。

大きな岩を登るときも、「常に三点を確保してください」と言いながら、美絵さんが実際にやってみせてくれるが、その姿の優雅なこと。手と足をなんの迷いもなく自然に置いていってるようだが、理にかなっている。やはり見た目がきれいなのは自分が楽だということなのだ。つまり、技術的に正しいのである。

山に登ったのがきっかけで始めた水泳も同様のことがいえる。泳ぎのきれいな人はスピードも速い。

行者小屋で、今夜泊まることになっている赤岳鉱泉に連絡してもらったが、九里君たちの動向はまだ分からないようだ。小屋の中はもうストーブが燃えていた。

二人とは合流できないまま再び歩き出した。常緑樹の木立を抜けて地蔵ノ頭に向かう道は、途中からかなり急峻になっていて、鎖やはしごがついている。無造作にくくりつけられた不安定なはしごを登ろうと、ちょっと緊張して手をかけたとき、なんだか人の声が聞こえたような気がした。美砂ちゃんの声だ。あー！ やっと追いついた。

車を飛ばしてきたらわりと早く美濃戸口に着いて、赤岳鉱泉に先に入ってのんびりしていたのだそうだ。私たちが連絡をお願いしていたのが伝わったのか、行者小屋から出発したことが分かったのでフルスピードで追いかけてきたらしい。コースが違ったから途中では会えなかったけれど、時間的にはどうも九里君たちに追い越されたような形になっていた。いつもながらこの二人の体力には驚かされる。

地蔵ノ頭に着くと、時折顔をのぞかせていた赤岳もすっかり霧に包まれていた。風向きや霧の変化で見え隠れする赤岳は、噴火によって造られたであろう赤黒い山肌を見せて、厳かな雰囲気を漂わせていた。登りながら感じたごつごつとした岩の手触りも、地中の温もりを伝えてくれて、この山の成り立ちに思いを馳せた。

上からなにげなく見下ろすと、赤岳直下の木立の茂みの中に、なにやら白いものが見えた。どうも冷蔵庫らしい。誰がこんな山の中にあんな大きなものを捨てたのだろう。リサイクル、リユースに日頃励んでいる私は、ゴミ問題にちょっとうるさい。理想と現実との狭間に常々悩まされているので、こんな山中にまで、と憤りは押さえられないが取りに行くこともできない。

いろいろあって行動開始が遅れたので、その日はピークをあきらめ、来た道を戻った。

その帰り道で私と美砂ちゃんが、結構きわどい下りを慎重に下りながらも、いつものように冗談を言っては笑い合っていたら、

「こういう危険なところでは真面目に歩いてください」

と美絵さんに怒られてしまった。ごめんなさい。おっしゃるとおりでした。

いつものメンバーは道がきわどくなればなるほど、わざとみんなでおかしなことを言って登るようなところがあったが、確かに危ない。甘く見ているわけではなくて、それなりに緊張しているのだが、美絵さんのようなプロから見たら不真面目に見えてもしかたがない。しかし、それだけではすまなかった。

行者小屋で、九里君たちが地蔵尾根を四十五分で駆け登った話を笑いながら聞いていたら、

「かけ登ったりしちゃいけないなあ。そんなことをしたらものすごく危険だよ」

と、聞きつけた小屋の人にまたまた怒られてしまった。

どうもこのところ、山に来るたびになにか問題が起こるか、人から怒られている。このメンバーは塩見岳登山のころからずっと怒られ癖がついているかもしれない。もちろん、そんなことばかりしている私たちが悪いのだが。

赤岳鉱泉では、お客さんも少なかったので、のんびりとお風呂に入ったり、小屋の人とお話ししたりしてくつろいだ。小屋の人と話をするのは、今まで自分が考えてもみなかった人生が垣間見えて興味深い。いわゆる旅館業とも違う独特の世界で、大好きな山に住み着き、山を愛する同好の人を迎えるなんて、こんな人生もなかなか悪くない。

翌朝、硫黄岳を目指してジョーゴ沢の左の尾根を登っていく。前日のごつごつした岩の風景とはがらりと変わって、木の間をぬって行く登りは心なしか楽なような気がする。たぶん視覚からくる違いだけだと思うけれど。

硫黄岳の頂上から爆裂火口を見て、火山の力のものすごさを思い、自然が内包する力と人間の小ささを何度となく考える。

山に登るようになって、山岳信仰が昔から人々に密着していたことが、容易に想像できるようになった。人間は絶対的な存在ではない。私は特定の宗教はもたないが、神という、人間を超越した大いなる存在を考える。間違いを犯しやすい人間という動物を、どこかから見ている大いなる神の目を忘れないように、せめて天に恥じない生き方をしたいと思う。

なんて言いながら、たかが山登りでも怒られてばかりいる私たちとしては、決して偉そうなことは言えないのだが……。

天気はあきらかに下り坂になっていた。

「これ絶対雪になってくるよ。無理して赤岳まで行くことないんじゃない？」

ああ！　またも、小川さんのひと言で赤岳山頂を断念し、下山することになった。

帰り道、すっかり私たちの雰囲気になじんでくれた美絵さんと、我らのお目付役小川さんが、キノコ採りに夢中になって、なかなか戻ってこない。

「キノコ採りで足元ばかり見てたら、帰り道を見失って遭難するって分かるわね」

木立の合間からちらちら見える二人の姿を、仲のいい親子のようだと笑っていたら、戻ってきた小川さんに、

「そんなこと言うとお母さんと呼んじゃうよ」

と脅された。小川さんと私は同年代だから、お互いに言い合っていても始まらない。子供をもっていないと年齢を自覚する場があまりないので、日頃はすっかり歳を忘れているし、ここ数年は特に年齢を忘れることばかりやっているので、こう言われて初めて、「あー、お母さんと言われてしまう年齢なのか」と気づく。

——すみません、厚かましくて。

年齢とか肩書きとか、私にとっては年々どうでもよくなっている。やる気と行動力さえあれば、たいていのことは乗り越えられる。それを負け惜しみとしてしかとらえてもらえないこともあって、そんな社会の状況がちょっと悲しい。しかし、「もう歳だから」「こんなおばあさんなのに派手なもの着たら笑われちゃうわね」なんて言いわけをしないでも、高齢の女性もどんどん好きなことをできるようになれるといいのに、と心から思う。

静かな北ア山行

山へ行きたくてたまらなかった。あまり激しい感情をもち合わせていないので、これまではなにかに熱中することも特になかったけれど、ここ十年近くは、周囲があきれるほど山に惚れ込んでいる。湧き上がってくるこの気持ちは、知らずに過ごしてきた潜在的な野性に火がついたからなのだろう。自然の中で過ごすことは、私にとって十二分に心の癒しになっている。そうはいっても実際に山に行っていられる時間は、周囲が思うほど多くはない。少ない時間であっても、精神的には山と山の合間に仕事をしているような感じだった。

「北アルプスの双六岳《すごろく》（二八六〇メートル）に登る予定があるから、一緒に行きませんか？　写真家でもある小屋主の小池潜さんに写真を習うのもいいですよ」と、ヤマケイの久保田さんから連絡があった。これは渡りに船だ！　二つ返事でOKである。

一九九八年九月、朝、自宅で出かける準備をしていると電話が鳴った。久保田さんからである。中央本線が雨で不通になっていて復旧の見込みがないという。

「私が山に行こうとして、何事も起きなかったことはただの一度もないじゃない」

誰にともなく、ぼやきたくなった。

悶々と待つこと数時間。

「まだ運行のめどはたっていないのですが、そろそろ新宿に行って待ちましょう」

午後になって久保田さんからの連絡を受け、結局、三時の「あずさ」に乗って、いざ出発となった。

その日は新穂高温泉に泊まり、翌朝、小池さんとともに、うっすらと紅葉が始まりかけていた林道を歩き始めた。

小池新道と書かれた標識のところから登山道に入っていくと薄日が差してきた。これはいい兆しかもしれないと期待はふくらむけれど、なにしろいつもなにかが起きて怒られてしまう結果になるから安心はできない。そんなわけで、このころには、たとえ天気予報が晴天で百パーセントの洗濯日和であろうとも、必ず登山靴を履いて雨具を持ち、午前中に行動終了予定の山行であろうとも、絶対に懐中電灯かヘッドランプの類を持っていくようになっていた。

それほど、山に登ると常識では考えられないことが起きるのだ。ハプニングはないよりあったほうが楽しいから、実はそんなことも楽しんでいるのだが、なにがあっても対応できる準備だけは絶対にするようになった。そのあげく、仕事のときに、アーミーナイフを持っていることを忘れて飛行機に乗ってしまい、チェックされるなんてこともたびたびある。

さて道は、風雪に耐えて丸みをおびた大きな石がごろごろと連なっている。うっかり浮き石に乗らないように気をつけながら歩き、三十分たったかなと思うころ、「ここは休むところ」と小池さんが味わいのある口調で言って休憩になった。いつもよりちょっと早い。小池さんの話し方には温厚な人柄がにじみ出ている。当たり前だけど小池さんは目をつぶってでも歩けるくらいに道をよくご存じだし、休憩の場所は毎回必ずここと決まったところがあるそうだ。

「そういえば、小池新道とあったのは小池さんのお名前なんですか？」

知らない強みで聞いてみると、やはりそのとおりで、お父さまが作られた新しい道だからその名がつけられたそうだ。

いつもの山登りなら、九里君も美砂ちゃんも、カメラマンの小川さんもかなり饒舌で、ほとんど全行程しゃべり続けているのに、今回は、みなさんあまりにも静かで、私はどうも調子が出ない。久保田さんはだいたい私たちの馬鹿話をフフっと笑って聞いているだけで、無口なのはいつものことだから驚かないが、久保田さん以外、初対面の人ばかりでまだよく分からなかった。

山岳部生え抜きという感じのヤマケイの節田重節さん、岩登りフリークになってしまって歩く登山はひさしぶりという温かい感じの鈴木見和子さん。二人ともお話しすればとても優しく答えてくれるのだが、歩きながら無駄なことはなにも言わない人たちだった。わいわいがやがや歩くのに慣れてしまったが、たまには静かに花や紅葉を愛でるのもいいかなと、違うタイプの歩きを楽しみながら登っていったが、ちょっと淋しかった。

鏡池に着くと、植生を保護するための木道を職人さんたちが作っている最中だった。山道はおおむね自然のままの道に見えるが、その道を日々見つめている人がいて、陰ながら守っている人がいる。なんと職人さんのひとりが私が来ることを知っていたらしく「写真を」と言われた。人の多いところでは、どうしても恥ずかしさが先立ってしまい、断ってしまうことが多い。このときも「ごめんなさい」と断ったら、なんの躊躇もなくすっと身を引いてくれた。そうなると急に私は申し訳ない気分になってしまい、そっと工事中のところへ行って、目立たないように急いで撮ってもらった。このへんの心理は自分でもよく説明できない。

ここからは槍ヶ岳、穂高岳がよく見えるからと言われ、ちょっと待ったが、なかなか姿を現わしてくれない。眺望はなくとも、前日の悪天候を思えば、よくぞここまで好天に恵まれたものだと自然に感謝し、眺めは断念する。

波に洗われたあとの砂のように、きめ細かい土がピシッとついた広場を行くと、枯れたハクサンイチゲが心細げに揺れていた。この花がなんとなく気になるのはやはり同名のよしみか。いずれは、こんな繊細な生態系を守るために木道が作られたりするのだろうか？　このままの姿で守っていくことはできないのだろうか？

このあたりから、稜線の景色が素晴らしい。東がダケカンバまじりの明るい疎林、西が濃い緑のコメツガ林にくっきりと分かれ、その際立つコントラストは感動的だ。

山をまったく知らないころの私でも、北アルプスといえば天に向かってそびえる岩山をイメージしたものだった。しかし見えてきた双六岳は拍子抜けするほど優しい山容である。

双六小屋にはごく少数の宿泊客しかいなかった。小池さんや節田さん、小屋の人もまじって昔の山談義に花が咲いた。鈴木さんと私は面白くてひたすら聞き手にまわっていた。実は、歳が離れている私の二人の兄は、戦後の登山ブームのころのクライマーだった。小池さんたちの話に出てくるエピソードは兄たちが登っていたころとダブるのかもしれないと思うと、今、私が山に惹きつけられていることに浅からぬ因縁を感じた。

小池さんの語り口はほのぼのとし、まるで双六岳の山容にも似て優しい。お客さんに快適に過ごしてほしいから、あらゆるところに目を行き届かせていると熱っぽく語っていた。やはり登ってきた登山道も、小池さんの眼で常にチェックされていたのだ。小屋は簡易とはいえ水洗トイレがあり、山小屋というよりリゾートのログハウスのような雰囲気があった。ときには勘違いしたお客さんが「お風呂はどこですか?」と聞いてくるという。私だって、九時過ぎに部屋に戻り、顔を洗おうと洗面所で蛇口をひねって、「あれ、なんで水が出ないの?」と思った。「夜は凍ってしまうから、水を止めますから」と言われていたのにうっかり忘れてしまったのだ。

小屋主さんはお客さんのために絶え間ない努力をしている。しかし、快適ゆえに宿泊客は山小屋であることを忘れてしまう。どんどん快適になることで、結果として、山の中でも下界と同じサービスを当たり前のように要求する登山者が増えてしまわないかと複雑な心境だった。

木道だって、なければどこでも歩いていいと思う人がいるから必要なのだそうだ。そういえば、尾瀬でも「木道を降りないでください」と注意されても、降りて写真を撮っている人を何度も見ている。マナーを守れない人が多くなったのか、それとも、やって来る人が多すぎるのか……。

山を知ってから、いろいろな面で懐旧志向になっている自分に気づく。あのころは良かったと、自分の生きてきた時代を肯定したいのではなく、もっと前に戻ってみたいのだ。そこからもう一度、人はどう生きるべきかを見てみたいと思うのである。進みすぎた文明に、開けてしまったパンドラの箱のような恐怖を覚えているが、私ひとりではどうにも止められない。箱の中に最後に残った希望とは、現実の社会ではいったいなんなのだろう。

ところで、小池さんたちの話を聞いているときのことだったが、ある女性が「サインを」と言ってきた。遠慮がちな物腰とは裏腹に有無を言わせない強さを感じてしまって、どうしても「はい」と言えなかった。昼間の木道での一件と正反対の自分の対応に、まわりの人たちも戸惑ったと思うし、私も自分の真意を計りかねてとても傷ついていた。山ではひとりの登山者でいたいと願っても、やはり許してはもらえないのだろうか。この女性には申し訳なかったが、それでは日常を離れて山に来ている意味もないし……。なんだか、ひとりの人間としてとても悲しかった。

「ぼくは絶対晴れ男なんだがなあ」

と、節田さん。翌朝、台風六号発生、急接近とニュースが伝えていた。

「ふう、まただ！」

しかし、三俣蓮華《みつまたれんげ》岳（二八四一メートル）まで行き、黒部の源流をなんとしてでも見てみたい。ダメで元々、行ってみようと、少しだけ出発を遅らせ、わずかの晴れ間をねらって出かけていった。晴れ男、節田さんの実力発揮か？　常念岳側はすっきりと晴れている。槍ヶ岳の姿はまだだが、なんとか期待はできそうだ。

やっと雲が切れ、槍が顔をのぞかせてくれるようになった。小池さんに草花や木

双六小屋のご主人で、写真家としても知られる
小池潜さんに山岳写真の手ほどきを受ける

の実、鳥や獣のことをいっぱい教えてもらい、すべての生き物に秘められた生命力の強さに感じ入る。高度が高く、風の強い環境に合わせて背丈を縮め、必死に生き延びようとしているハイマツやキバナシャクナゲがいじらしい。

紅葉に燃える三俣蓮華岳への道を進む。頂上から黒部の源流を見下ろし、もっと近くに寄っていきたい欲求を抑えながら小屋に戻ることにした。台風はやはりこちらに近づいていたのか、帰りは雨で散々だった。

帰る日の朝は一転して、ご褒美のようにすべての山が顔を見せてくれた。鏡平の池に映る槍、穂高など、北アルプスの山々は、神々しいまでに美しかった。これがあるから辛い雨も我慢ができるというもの。雨に降られなかったら、この感動も半分しか感じられないだろう。

双六小屋にあわただしく仕事の連絡が入った。どうしても双六から長崎に〝道〟をつなげなくてはならないというのだ。この話、別に日本の道路計画ではない。日本のへそのような位置の、しかも山の奥にいる私に、九州の長崎になにがなんでも来いと言ってくれる奇特な演出家がいた。仕事より山が大事と言ってはばからない近ごろの私だが、こういう要請には正直言って弱い。なんとか駆けつけてやろうじゃないかという気分になる。

迷惑なのはマネージャーだ。時間どおり下山してくるかどうかも分からない私を、松本駅でじっと待っていてくれた。仕事先が長崎だというのに。

長崎で待っていたのはくだんの演出家と、子役のときから知っていて、今はすっかり美しい女性に成長していた西尾まりちゃんだった。

「市毛さん、エベレストってどんなとこですか?」「山ってどんなふうに面白いんですか?」「空気が薄いってどんな感じですか?」「『空へ』って本を読んでいるんですけど、すごいんですよ!」

まりちゃんは、こちらがたじたじになるほど矢継ぎ早に質問する。まるで私が田部井さんに初めて会ったときのようだ。仕事場で物珍しそうに山のことを聞かれることはあっても、こんなに真剣に質問されたのは初めてだった。

彼女をどこかの山に連れていってあげたいと思った。そうすれば、人から百の言葉で説明されるよりはるかに深く自分でなにかを感じとるにちがいないと思ったからだ。

私ひとりでも連れていける山もあるけれど、複数の人と一緒に登り、いろんな話を聞いたほうが絶対にいい。そこで、まず、八ヶ岳に行く友人と一緒にとも思ったのだが、車で移動して車中で寝るというので、初めからこれはちょっときついと思ってやめた。

ちょうどそのころ、久保田さんと常念岳（二八五七メートル）から蝶ヶ岳（二六七七メートル）を縦走しようと相談していた。私が初登山で、山にはまるきっかけとなったコースを先へつなげるものだった。

「久保田さん、ここ初心者でも行けますよねえー」

まりちゃんを山に連れていきたい一念から、私はさっそく、こんな話を久保田さんにしていたのである。

十月二十二日、私たちは常念岳へと向かう一ノ沢の登山道を歩いていた。ここは、初めての山の帰り、楽しかった数日を反芻するように歩いた道だから、逆コースからでも忘れるはずもない。

今回は常念小屋のご主人、山田恒男さんが同行してくださった。

「上は吹雪だってさ、どうするね」

お会いした途端に山田さんの口から出た言葉に、まりちゃんは、

「エーッ！　絶対行きたいです！」

と即座に答えた。

今回は、九里君は海外、美砂ちゃんはまだ一歳半の舜ちゃんを連れてでは「天気が悪そうなので難しいだろう」と直前で断念していたので、頼れるのは久保田さんだけ。彼ひとりで、まりちゃんと私を連れていくのは大変だろうと思うけれど、私だってどうしても行きたかった。私も自分ひとりならなんとでもできる。でも初めての彼女がどの程度歩けるかなんて、まさに行ってみなければ分からなかった。それでもおそらく私よりずっとガッツのある彼女のこと、相当のことは耐えてくれるだろう。

みんなで協議した結果、行くことにした。こういうとき、いつも久保田さんは意外な反応をする。生真面目な外見からとても慎重に見えるが、実は大胆な決定を下すことがある。このときも彼ひとりでは大変だからやめると言うかと思ったら、ためらいもなく出発を宣言した。あとで、

「普通は行きませんよね。でも全然心配していませんでした。僕も行きたかったから行きました」

と涼しげに言っていた。

ぐしゃぐしゃに降り続ける冷たい雨の中、休憩をとる場所も思うようにならないが、大木の陰などでホンのひととき休んでは登っていった。山田さんは昔の炭焼き小屋の跡や、木を伐り出した名残など、山を知りつくした人ならではの話をしてくれた。えぼし岩を見上げるあたりに来ると、山田さんが言っていたとおり、森林限界の上は真っ白である。この日は初冠雪と全国紙に大きく報道されていたことをあとで知った。

かなりのハイペースで登っていたが、まりちゃんはなんの問題もなく歩いている。稜線に出ると、常念小屋のまわりは一面の銀世界だった。玄関では可愛い雪だるまが私たちを出迎えてくれた。その小屋の中に足を踏み入れたとたん、私は懐かしさでいっぱいになった。

「あー！　ここ、ここ。ここでお茶を飲んだの」「この部屋に泊まったんだわ」「ここから槍を見たのよ」

再び訪れる場所など限りなくあるのに、常念小屋がこんなにも懐かしいのは、やはりその後、思いがけない展開で自分の人生が変化していった、そのきっかけがほかならぬ燕、常念の山行だったからなのだろう。

その夜は小屋の人たちと一緒に食事をさせてもらった。山田さんのお父さまが写っている昔の写真を見せていただいたが、登山客に知的でモダンな人々が多く、戦前の登山は上流階級のスポーツで、限られた人のものだったということがよく分かる。どこの小屋でも、女優だからという歓待は意外にもないのが私にはありがたいが、小屋の方によくしていただくたびに、また別の意味での特別待遇を肌で感じ、一般の方に申し訳ない気持ちがあふれる。それでもお互い山を愛するものとして、小屋の方たちとのお話はいつでもどこでも楽しいものだ。

この日は小屋の女の子の誕生日とかで、みんなで祝って、なんだかひと足早いクリスマスのようだった。

雪はひと晩中降り続き、朝には槍ヶ岳から穂高、北アルプスのほとんどの山が雪化粧をして私たちの前に姿を現わしていた。これは神が創ったに違いない。そんな気持ちになるほどの美しさだ。この景色を見ることができるのは万にひとつのことではないかと、まりちゃんの強運に恐れ入った。

常念小屋の人たちが心配してくれたが、私たちは予定どおり蝶ヶ岳に向かった。真っ白でどこが道なのかさっぱり分からない。道を探して進むのは、思いのほか大変である。頑張って常念を登りつめ、足元を探り探り蝶へと向かう下りの道で、「行けなかったら戻ればいいいんですよね」と言って出てきた今朝の会話を思い出した。それにしても、ここをもしも戻らなければならなくなったら、かなり大変なことになるぞと、実はとても緊張していた。

この斜面を再び登ることなど考えないようにしよう。どんなに大変でも、今日中に蝶の小屋に着くしかない。

進むしかない状況で、まりちゃんが恐怖を感じなければいいがと心配したが、彼女にしてみれば、なにが普通で、なにが特別なのか、なにが大変なのか、初めてでなにも分からなかったのだそうだ。彼女の明るさに助けられた。

雪は積もっていても天気は快晴。雲海の向こうに光輝く妙高山、反対側には富士山、槍ヶ岳の後ろには三俣蓮華岳と鷲羽岳も見える。どこからでも北アルプスの眺望をほしいままにしながら、転んだり、はまったり、亀の子のようにひっくり返っ

十月の常念岳で雪山を体験。
山が初めての西尾まりちゃんには刺激が強すぎた？

たり、また道を見失ったりして、やっと尾根道まで下ってきた。

蝶ヶ岳への登りになると植生は一転して、風にさらされて縮こまっているハイマツの群生から、両手を大きく広げるように雪を抱え込んで立つコメツガの林にナナカマドが彩りを添えて、まるで違う世界へ迷い込んだようだ。

常念の方から見ると「うん、登りは軽そうッ」と思ったのに、来てみると結構きつい。ここまででもコースタイムの倍はかかっていた。

コメツガの樹林を抜け、森林限界を超えると雪がびっしりとついたガレ場に出た。踏みしめ、踏みしめ、やっと着いたところはまだひとつ手前の蝶槍だった。

蝶ヶ岳の山頂に着くころには、なんとなく薄暗くなってきて、あれが蝶ヶ岳ヒュッテかなと思える建物も、三十分という夏のコースタイムよりはるかに時間がかかりそうだ。

こんな雪の中で暗くなってしまったら道の見当がつかなくなる。まだ早いけど、いつでもつけられるようにヘッドランプを準備した。自分のぶんと、まりちゃんのぶんをつけるのにも、手がかじかんでもたもたしていたら、久保田さんが心配そうにこちらを見ていた。九時間半に及ぶ雪の縦走……。薄暮の白い斜面に浮かぶ彼のシルエットは、疲労と焦燥の入りまじった私たちの心のありようを象徴しているようだった。

あとどれぐらいこの歩きが続くのか。暮れなずむ雪の斜面に動いているのは私たちだけだった。

やっとの思いで稜線を越えると、麓の明かりがまたたくように見え、橙色の温かい灯がこぼれるヒュッテにたどり着いた。靴の紐をほどくのももどかしく、

「ホットミルクください！」

と叫んでいた。ホットミルクの甘い香りと湯気が、全身をとろーっととろけさせるように冷え切った体を温めてくれる。

私たち以外には、横尾から登ってきたという男性の登山客がたったひとりいただけだった。四人で囲んだテーブルは、いかにも山小屋らしい触れ合いが感じられ、私が求める山小屋での理想ともいえる雰囲気である。この男性はいつもひとりで、自分が踏んだ足跡を山の地図に線を引くように登っているとのこと。いい山登りだなあと、うらやましく話をうかがった。

蝶ヶ岳ヒュッテのオーナーは中村圭子さんという女性で彼女を紹介する記事が新

聞に載っていたことがある。女性のこんな生き方もあるのかと興味をもち、記事の切り抜きを大切に持っていた。お会いしてみると写真で見るよりずっとたくましく、明るい感じの素敵な方だった。こういう人たちに日本の女性のオピニオンリーダーでいてほしい。小屋のあちらこちらにも女性らしい心遣いがあって好ましく、働く人たちも女性が圧倒的に多く、実にパワフルだ。

部屋に戻っても、まりちゃんは興奮覚めやらず、彼女の感動を眠りにつくまで話してくれた。私も山のこと、仕事のこと、私自身のことをいっぱい話したような気がする。私にとっても、この日の体験は自分の内部を大きく占めていて、彼女との話の内容を定かには覚えていない。初めての登山であんな素晴らしいものを見てしまった彼女が、いったいどんな気持ちでいたのか、本人以外にうかがい知ることはできないだろう。

翌朝、日の出の雰囲気を感じて飛び出していったまりちゃんのあとを追って、私も表に出てみたが、ご来光を浴びてじっとたたずんでいる彼女をひとりのままにさせておいてあげたいと、そっとその場を離れた。

――まりちゃんやったね！　本当にありがとう。私はあなたに十年前の自分を見せてもらった。でもこんなところに迷い込ませてしまって本当によかったのかしら。

彼女のこれからの「女優として」の生活を考えると、わずかに不安を覚えるのも否めなかった。自分自身も、「女優として」「人間として」と言ったって、ひとりの人間であることに違いはないから、分けられるものではないのだが、分けなくてはどうしても矛盾を感じてしまうことも少なからずある。そんな難しいことに答えなどあるはずもないのだが、常にそのへんとひとり相撲をとりながら生きてきたような気がする。まだ若い彼女は、そんなことに関係なく、のびのび生きてほしいと思うのは老婆心というものだろうか。

今回の山は、正直なところ危険を伴うものだったと思うので、なにごともなくて本当によかったと安堵した。山はどんなに低く、安全に見えようとも常に危険と背中合わせであることを自覚している。でも、近ごろではどこにいたって、生きていくことに危険は常につきまとう。一見なにごともないような、人間が主導権を握っているように見える都会のほうが危険予知能力をそがれてしまっていて、より恐ろしいような気がする。

自分だけに限って言うならば、都会にいて道を歩いているだけでなにかが飛んできて、ある日突然に死んでしまうことがあるかもしれない。だったら今のうちに好きなことをして、普通の生活では見られないものを見て死んでいくのならかまわない。こんな考え方は危険だろうか……。

九重のピーク三昧

コロマンデル・ダンディーと呼ばれる男が九州にいる。ひさしぶりに彼に電話をいれて、一緒に九重《くじゅう》の山を歩けないかとたずねてみた。ずーっと以前、彼は世界を放浪して歩き、行き着いたところがニュージーランドのコロマンデルだった。住み着いた町で、誰ともなく彼をそう呼ぶようになったのだそうだ。それ以上は聞いたことがないが、長身にジーンズをはいて、いつもテンガロンハットをかぶった彼の姿に、なんとなく命名の由来がしのばれる。彼は放浪の旅で培ったものを日本の子供たちに反映できないかと、アウトドア・コミュニティー作りを夢見ている。

彼の名前は小笠原国英さんという。ニュージーランドで知り合って以来の友人だ。九里君たちと九州の山に登りたいねと相談していたとき、以前から彼に誘われていた久住《くじゅう》山にしようと思い、彼を頼りにして地元の調査をお願いした。しかし現地にどうやって行くかが問題になった。あーでもない、こーでもないと相談していくうちに、美砂ちゃんが考え出したアイディアは、かなり意表を突くものだった。現地での移動にはどうしても車が必要なので、車ごと船で宮崎か日向《ひゅうが》に行くというものだった。舜ちゃんはいるし、荷物は多いしと、いくつかあった問題点を一気に解決する名案で、みんなすっかり乗り気になって計画を練った。船で山登りに行くというのも、「私たちらしくていいんじゃない」となんだか嬉しくなった。

小笠原さんからはさっそく、懇切丁寧な予定表と地元の状況の報告書が届いた。こちらからも希望は出したが、地図やガイドブックを見て想像しているだけだから、コースなどもよくは分からない。ただ、できるだけ節約して、浮いたぶんでどこかいい温泉に一泊だけしたいというのが、唯一絶対の希望だった。

送られてきたぶ厚い封筒には、地元の温泉つきのキャンプ場や麓の雰囲気のいい温泉の資料とコースタイムつきのスケジュール表などが入っていた。それを受け取ったお礼に電話をして、コースや日程を確認していると、彼が、

「もう一泊できれば九重の山のほとんどのピークを登れるんですけどね」

と言った。私は彼の言葉に無性に魅力を感じた。

このときまで私は、九重と久住がどう違うのか、おぼろげにしか知らなかった。

九重は連山で、久住は山の名前である。つまり九重は最高峰の中岳（一七九一メートル）、大船山《だいせん》（一七八六メートル）、稲星山《いなぼし》（一七七四メートル）、星生山《ほっしょう》（一七六二メートル）、白口岳《しらくち》（一七二〇メートル）、そして、かつての主峰久住山（一七八七メートル）と、一七〇〇メートル以上の山がいくつも連なる大きな山系なのである。もっとも町の名前にも九重町《ここのえ》と久住町《くじゅう》の両方あるから、ややこしい。

さて、ピークという言葉にひっかかってしまった私は誓ってピークハンターではないのだが、少しはピークの数も増やしておかないと、いつまでも一人前にならないような変な劣等意識を感じていて、「一泊くらいなんとかしよう。九州まで行くからにはそれなりの成果も上げたい」と思ってしまった。

一九九八年十月、私たち一行、大人三名と子供一名は川崎港からフェリーに乗って日向に向かった。その夜の泊まりは厚かましくも小笠原さんのお宅の予定。そして赤川登山口から山頂をいくつかきわめて、坊ケツルを見下ろす法華院《ほっけいん》温泉に泊まり、またいくつかのピークをきわめ、下山して麓の長湯温泉にもう一泊するスケジュールである。巡礼のような九州の山旅だ。

生まれもってこうなのか、それとも近ごろ、国籍の違う友人が増えたのでこうなったのか分からないが、私は、いわゆる日本的な〝本音と建て前〟の使い分けが下手である。「いらっしゃい」と言われると「ありがとうございます」と言ってお邪魔してしまう。ニュージーランドやアメリカ、カナダ、ヨーロッパあたりの友人に誘われた場合、行かないとどうして来ないの、と言われてしまうが、これを日本でやると失敗することがある。どうも私は日本的な〝建て前〟の意識をもち合わせていないようなのだ。今回も小笠原さんがご自宅に誘ってくださったので〝本音〟でその好意に甘えさせてもらった。

小笠原さんのご家族は、初対面の私たち四人を、温かくもてなしてくださった。早朝に出発し、登れる限りの山を登ろうと張りきって、寝る前に翌日の天気予報をテレビでチェックすると、明日は九州全域、百パーセントの雨！

無情にもまたしても雨だというのだ。山好きの人たちは、みんなこんなにも雨に悩まされているのかしら？　それとも私だけなのかしら……。

翌朝は少し予定を遅らせて、登山口もちょっと変え、なんとなーくみんな意気消沈して小笠原家を失礼した。小笠原さんの山仲間の戸高さんも加わり、巡礼の山旅の一行はこの五名と子供一名になった。

地元の人しか知らないような牧場の中の登山口を、鉾立《ほこたて》峠に向かって歩き始めた。落ち葉のかさこそとなる音、ふかふかした感触を楽しみながら、優しい雰囲気の雑木林を登っていく。苔むした石が足元を彩り、感じのいいクヌギ林の向こうに紅葉が見え隠れして、本州では全滅だった紅葉に期待がつのる。アケボノツツジが、春はさぞや、と思わせる枝ぶりを見せている。

鍋割峠をちょっと下りたところ、佐渡窪の湿原で、小笠原さんの渾身の昼食をいただくことになった。地元の二人は大きな背負子を降ろし、荷物を全部バラバラにして慣れた手つきでガスに火をつけていく。コンテナの中には水、氷、生の肉類、ワイン等々、重いものばかりが入っていて、山と身近に生きている人たちの気合いを感じた。西の小笠原、東の〝林アニ〟で、アウトドアの〝料理の鉄人〟の戦いをしたらすごいことになりそうだ。

湿原から西に見える白口岳は、淡い紅葉のグラデーションがゴツゴツした山の形を際立たせ、裾のあたりに鮮やかな黄色の木がすっくと立っている。北東には大船山が錦の紅葉の向こうに頭をのぞかせている。私たちのまわりの湿原にはススキが一面に揺れ、優しい景色を楽しんでいるうちに、おいしそうなスープができ上がった。誰も通らない木道をイスとテーブル代わりにさせてもらい、ガーリックトーストとともにいただいた。ひさしぶりに、えも言われぬ贅沢な気分を味わっていた。

それにしても、降水確率百パーセントの雨はいっこうに降ってこない。湿原を抜けると道はぐっと登っていき、今いた湿原を見下ろすことになるが、湿原と紅葉がおりなす景色が実にいい感じである。

鉾立峠に出ると白口岳の標識があり、少し行くと今夜の宿の法華院温泉が見えてくる。

法華院温泉は硫黄の匂いの漂うひなびた山小屋で、小笠原さんを手伝って鴨鍋とうどんを用意し、ひさびさに自炊の宿の良さを味わうことができた。取材で山に登ると、どうしても写真を撮る時間に追われて、食生活がおろそかになってしまう。そのぶんを埋め合わせても、あまりある温かい食事を楽しんだ。

雨は夜中に降り始め、朝にはすっかりあがって快晴である。舜ちゃんがお目覚めでないので、しかたなく美砂ちゃんは残り、私たちだけで朝食前に大船山に登ってこようと出かけていった。

思いっきり気持ちのいい朝の坊ヶツルを抜け、ゴツゴツした岩の目立つ雑木林の

九重山群の大船山をめざす
ミヤマキリシマで人気の山だが、紅葉も悪くない

登山道を、爽やかな小鳥の声を浴びながら登っていく。あたりはまだ薄暗かった。坊ヶツルを見下ろすところから少し行くと、道は平らになり、ススキの原になる。また少し行くと常緑樹のトンネル、そのまた先はアセビや紅葉のトンネルになり、変化があって心が弾む。その紅葉のトンネルを抜けると、もわーっと硫黄臭が漂う平地に出た。十分ほど行くと黒岳風景林と書かれた標識。ここが五合目である。後ろに硫黄を噴く山をひかえた迫力ある白口、中、星生、三俣《みまた》の大パノラマ。木の間越しに雲海も見え、眺望は最高だ。もう少し上の、テラスのようなところからは、さらに阿蘇の根子岳まで見えた。

そういえば、あの硫黄の噴出は、三年前に私がちょうどニュージーランドに行くときに、三百四十年ぶりに噴いたと報道されていたところだった。

稜線に出ると平治《ひじ》岳と大船山の分岐を通って、あとちょっとで大船山頂だ。山頂からは遠くに由布《ゆふ》岳も見える。紅葉は前日とまた趣を異にし、足元の小さな池も紅葉に彩られて神秘の水をたたえている。雲海に浮かぶすべての山々を我が視界におさめて、モーニングブレイク。ミルクティーとクラッカーが、朝食前のお腹にしみるほどおいしかった。

急いで美砂ちゃんたちが待つ小屋に戻り、下山するために白口沢を登っていった。予想したよりは大変な道だったが、ここからは時間さえあれば、文字どおりのピーク三昧ができる。しかし私たちは百パーセント雨という予報に翻弄されて、当初の予定を変更しなければならなかったから、ミヤマキリシマの季節に来る楽しみにとっておこうと、まずは中岳の山頂を目指した。

結局、今回の山行では三つのピークしか踏めなかった。四季折々何度でも楽しめそうな、変化に富んだフィールドが身近にある地元の人たちがうらやましかったが、欲張ってもしかたがない。いつでも迎えてくれる友がいるから、お言葉にまた甘えようと次回に期待をつなげる。

天気はとうとう崩れなかった。三百六十度のパノラマは堪能できたし、紅葉はおそらくこの年の日本中のどこよりも素晴らしかったに違いないと確信する。

もちろんこの夜は麓の素敵な温泉に泊まった。九重の山々を思い返して、「どうだ、いいだろう!」と誰にともなく言いたくなるような極楽気分の中にいた。これだけは山に登らない人には味わえない気分だ。

ところで、コロマンデル・ダンディーがかつてニュージーランドに探しに出かけたものはなんだったのだろう。私に分かるはずはないが、ひょっとしたら、彼の探していたものは故郷の九重の山々にあったのではないかしらと、一緒に山歩きをしながら感じた。というのも、私の山登りは、結局、「自分探し」の旅なのではないかと思っており、そんな自分に彼を重ね合わせて見たのである。

槍ヶ岳に登った!

俳優という仕事は、人を蹴落としてでも一番を目指さなければいけないといわれる。個性や感性をアピールし、なにより自分の存在が内から光輝くようでなければ価値はない。ところが、一番はどうも私の任でないと思ってしまうのである。それは、小学生のときから通信簿に「欲がない」と書き続けられた、生来の性格に起因するのだろうか。長く仕事を続けてきた間には、主役を演じてきた時期もあったけれど、自分自身の正しい位置ではないようで、なんだか落ち着かなかった。だったら、たまたまタイトルロールは自分でも、中身はみんなが主役であるものと、そういう作品を好んで選んでいた。

こんな私だからこそ、山のスター的存在、槍ヶ岳(三一八〇メートル)に憧れをもつのかもしれない。初めて山に登って以来、ずーっと、いつかは槍に挑みたいと思い続けていた。

あの初めての燕岳と常念岳登山のとき、見え隠れする槍の姿に励まされるように、なんとかみんなに迷惑をかけずに登りきることができた。富士山と同じく、どこから見ても槍と分かるあの雄姿は、まるで道しるべのように行く手を示してくれていた。そのときには、自分があの山に登る日が来るなんて思ってもいなかった。

やっとその日が来た。美砂ちゃんは子育て真っ最中で参加できないので、誰かを誘おうと九里君とも相談していた。以前一緒に岩手県の早池峰《はやちね》に登ったときに、「最近山を好きになっている」と言っていた、国際ラリーライダーでエッセイストでもある山村レイコさんがいいんじゃないかということになった。

前夜は松本に泊まり、黒部で仕事をしていたレイコさんと合流して、翌朝、上高地の河童橋から出発した。霧に霞む、すがすがしい上高地を満喫しながら、大勢の登山客や観光客の間をぬって歩いていった。

十月の上高地はもう紅葉が始まっていた。河童橋の喧燥を離れて徳沢の近くまで来ると、正面に常念岳に続く稜線が見えている。あの先に初めて登った常念岳があるんだ、と、この何年間を振り返り、密かに感動していた。

河原で休憩したり、キャンプ場でお茶を飲んだり、次回の計画を練ってみたり、午前中はかなりのんびりペースである。徳沢のキャンプ場までなら誰にでも来られるから、山とは無縁の友人にもこの雰囲気を味わわせてあげたかった。

途中ですれ違った人に、「前穂の岩に取りついている人が見えるよ」と教えてもらって見たが、とっても小さくて見にくい。しかし一度、望遠鏡やカメラのレンズで見つけると、意識がそこに集中するから肉眼でも見やすくなって、蟻のように張りついているカラフルな人の姿が見える。

その後も、すれ違った別のグループに「槍が見えますよ」と教えられた。河原に下りてみると広葉樹林の奥に、太陽に輝いた槍が青い空を突き刺すように遠く小さくそびえていた。きれい、きれいと喜んで、ふと近くに立っていた標識に気づくと槍見河原とあり、妙に納得してしまった。親切な人たちに出会うと、沢を渡る風もいっそう気持ちよく感じられる。

槍沢ロッジで食事をさせてもらい、この先どうするかみんなで相談した。天気もいいので、せっかくだから今日中に槍岳山荘（現・槍ヶ岳山荘）まで行くことにした。旧槍沢小屋跡地のキャンプサイトから一気にパノラマが開け、のびのびとした原っぱの景色が美しい。沢沿いに真っすぐ進み、全身黄色に染まってしまいそうなダケカンバの黄葉の林の中を快調に歩く。このへんからグッと高度が上がっていく。レイコさんは河原で休憩したときにカメラマンの小川さんに靴をチェックしてもらったので、歩きは絶好調のようだった。日陰と日向《ひなた》で黄葉は彩りを変え、そのコントラストが大きくカーブを描く。曲がるとその先になにがあるのかなと期待させてくれる。このあたりを「大曲り《おおまがり》」というそうだ。

そこから四時間、ひたすらガレ場の急斜面をグングンと登り続ける。

実は、この日までの三カ月間、私はガン闘病中の子をもつ母親役を演じていた。早朝に地方に泊まり込みで一日百メートルも歩くことができない生活をしていた。早朝にホテルを出て、深夜に帰るために、ホテルと仕事場の間をタクシーで往復するだけで一日は終わってしまい、スタジオの中を歩くといったってたいした距離ではなかった。三カ月もの間歩くことが許されない状況だったから、歩くことにものすごく飢えていた。しかし実際に歩いてみると、この日のように長い行程の一番最後に、いきなり高度を上げなければならない歩きは、キリマンジャロのキボハットにたどり着く最後の登りを思い出すほど、きつく辛いものである。あまりにも天候がいいから槍岳山荘まで行ってしまおうと欲張ったので、否応なく頑張らなくてはならなかった。

九里君とレイコさんは、コースに沿って一歩一歩行く私をおいて、まるで天狗のように長い足で大きな石をぴょんぴょん飛ぶように直登していった。九里君はいつものことなので驚かないけれど、レイコさんの健脚には本当にビックリした。「私は山の初心者だから、みんなに迷惑をかけなければいいんだけど」と謙遜していたがとんでもない。大変な健脚の持ち主である。まあ考えてみれば、ラリーライダーという仕事は体力がなければできないので、当たり前といえば当たり前かもしれない。

五時頃、ヤマケイの久保田さんが小屋に着くのが遅くなることを連絡するために先行した。私の歩みはどんどん遅くなって、とうとう殺生《せっしょう》ヒュッテの分かれ道で暗くなってしまい、またしてもヘッドランプのお世話になった。

「誰かが後ろから引っ張るんだよ。このへん、霊でもいるんじゃないの」

小川さんはなんだか怖いことを言っている。快調だった午前中に比べ、どうしてこんなに足が重いのかとイヤになったが、足元を確認しながら慎重に慎重に歩いた。

小屋まで行った久保田さんが迎えに下りてくれて、ザックを持ってくれるという。自分の荷物は自分でと、突っ張りたくても突っ張りきれないほど足元があやしい。

もしかしたら、三〇〇〇メートル近い高度で軽い高山病にかかっていたのかもしれないと、あとで気がついた。

六時二十分、真っ暗な中、やっと槍岳山荘に到着した。空に輝く上弦の月と小屋をバックに記念撮影。長い一日だった。

翌朝、天気は一転して雪が降っていた。マイナス四度である。ご来光もなく、なんとか頂上に行きたいと思ったけれど、はしごや鎖が凍りついていると危険だから、コーヒーを飲みながら様子を見ていた。偶然小屋で会った小川さんの知り合いや、関西から来た学生さんたちに道の状況を聞き、とにかく行ってみようと、凍てつく霧の中、頂上へ向かった。

槍岳山荘が建つ「槍の肩」から「槍の穂先」への道は、百メートル近くの切り立った岩場となっている。辛か不幸か、視界がきかないぶん、高度からくる恐怖感はやわらいでいた。霧氷におおわれた岩場に必死で手がかり、足がかりを求め、ときには鎖やはしごの助けを借りて頂上を目指す。ミルク色の霧の中に延びてゆく急な鉄ばしごを、一歩一歩、確かめるように登りつめると、目の前が突然開け、私は槍のてっぺんに立っていた。

写真では何度も見ているけれど、実際に登ってみると、おなじみのとんがった穂先は決して遠くから見て思うような〝点〟ではなく、一応二十人ぐらいは立てる〝面〟だった。意外に広いなと思いながらも、いざ立とうとすると、おっかなびっくり、腰が引けてしまって、やっとの思いで写真を撮ってもらった。高所恐怖症ではないはずなのに、三一八〇メートルのてっぺんでは、無性に足元がスースーする。燕も常念もなんにも見えないが、やっと思いがかなった。快挙だった。私は誰にも分からないように、心の中で「やった！」とつぶやいた。

「だいたいねー！　ヤマケイさんともあろうものが、こんな時間にまだ山の中にいるなんて非常識でしょう！　そりゃあね、モデルのおねえちゃんかなんかが歩けなくなって手間取っていたんだろうけど、こっちだってまだ帰っていないって聞けば、捜索隊を出さなきゃなんないじゃないの。まったく困ったもんだ！」

槍ヶ岳からの帰り道、日はとっぷりと暮れ、やっとの思いで新穂高温泉のロープウェイのあたりまで来ると、その日の宿、中尾高原ヒュッテのご主人が車で上ってきて止まった。

私たちがあまりに遅いので山岳パトロールに届けてしまったから、ひと言あいさつに行ってほしいと言うのである。

私たちの登山にハプニングはつきもので、このころは「きっとあるに違いない」と期待してしまったりする。しかし、とうとう捜索隊が出る一歩手前までいってしまったのだ。

下山途中、ちょっとした晴れ間に槍が顔を出すので、小川さんが撮影したいと、太陽の照るのを待ったりした。地図で見る道のりも決して短くはなかったし、遅くなるのは分かっていたことだ。確かに言われるとおり、電話の一本いれておけば問題はなかったが、ヤマケイさんともあろうものが、着くのは夜九時になりますとは始めから言いにくかった久保田さんの気持ちも分かる。とはいっても、待っている側が心配するのも当然で、百パーセント私たちが悪かったのだ。だが、山岳パトロールの方たちにこっぴどく叱られながらも、「モデルのおねえちゃん」と言われて、私とレイコさんは、思わず誰もいない列の最後を見てしまった。

——決して反省していないのではありません。たぶん私をおねえちゃんと呼んでくれたんじゃあないだろうし、もしそうだったら嬉しいけど。レイコさんはすごい体

あこがれの槍ヶ岳頂上にて。
風が強くて立っているのが怖かった

力の持ち主だから、「歩けなくなるモデルのおねえちゃん」のイメージが湧かなくって。不謹慎だったかもしれないけど、視線を後ろに送ってしまったのです。ごめんなさい。

翌日、私は仕事でニューヨークへ向かった。ニューヨークで三日間滞在し、そこからさらに十日間客船でカリブ海を旅するためである。むちゃくちゃなスケジュールだ。そうまでしても槍に登りたかったのだ。

大きなスーツケースを二つ持って、「成田エクスプレス」に乗るために新宿駅の階段を降りたときには、筋肉痛がピークで、本当に転がり落ちるのではないかと恐ろしかった。三カ月もの間、ほとんど歩かない生活をし、間をおくこともなく急に山登りをしたからだ。レイコさんは不死身の体力なのでケロッとしているのかと思ったら、一応人並みに筋肉痛で大変だったそうで、初日に直登していったのを後悔していた。結局、強行で登った今回の槍の参加者は、全員が筋肉痛になっていた。

負け惜しみではないけれど、筋肉痛がもたらしてくれた客船での睡眠は心地良く、いくらでも寝ていられるという自由は、このうえもない贅沢なものだった。

5 女優と「私」

母も山登り

「お母さんを磐梯《ばんだい》山へ登らせてあげようと思って電話したんですけど。前に来たとき頂上のちょっと手前であきらめちゃったじゃないですか。せっかくだから良枝さんも一緒に来られないかなあ」

田部井さんのロッジの支配人、河崎さんが思いがけない誘いの電話をくださった。その前の年、母は自分の友人たちとともに河崎さんに磐梯山へ連れていってもらった。頂上を目指したが、天候が悪く、みんながばててしまったのであきらめて下山したのだ。せっかくあそこまで行ったのに頂上を踏んでいないのは残念だから、もう一度行ってみないかとご親切に誘ってくださったのだ。

「いいわねえ。私だって子供のころ、おじいちゃんに連れられて富士山に登ったり、鎌倉あたりの山をずいぶん歩いたのよね。今度私も一緒に山に連れてってよ」

おじいちゃんとは私の祖父のことだが、私が初めて北アルプスに行ったあと、山などに興味がないと思っていた母が、本当に思いがけなく、こんなことを言った。

まあ、北アルプスは無理でもハイキング程度のところなら行けるだろうと、病院の先生たちに八ヶ岳に一緒に連れていっていただいたのが、母にとっての初めての山だった。知人に「お母さんは元気だからね。娘と張り合ってるんだよ」なんてからかわれるくらい張りきって登り、以来、十カ所くらいは一緒に登った。

「内臓はどこも悪くないし、全身健康そのもの。でも骨は年相応に弱くなっているから、山で転んで怪我でもしたら、せっかく元気なのにもったいないよ。高い山はやめたほうがいいんじゃないかなあ」

と、健康診断のときに、いつも山に連れていってくださる先生に言われたのだそうだ。今は元気でも、ちょっとしたことで寝たきりになるかもしれないという心配をはらむ年齢になっているので、それもやむをえないのかなと思っていた。

それから一カ月もたっていないころにいただいた電話だった。私は母に聞いた。

「山はやめるって言っていたけど、河崎さんが、あなたを登らせるためにみんなで一緒に登ろうって誘ってくださってるの。どうする？」

「私はまだ登れるような気がするんだけど、先生の言うのももっともだし、河崎さんがそう言ってくれるなら、これを最後の記念にしようかな」

このところ、母のペースに合わせるのは、私にとってもちょっと負担に感じることが増えていた。先生方のグループで行くと年齢層が幅広く、若い人に母にあわせてと頼むのも無理があり、いつも同じ方に負担をかけてしまうのも心苦しかった。

でもこんなことはいずれ、自分にも降りかかってくることだ。母も同じぐらいの体力や気力をもつ人たちと登ったほうがいいに決まっているが、年寄りは人の迷惑にならないように生きればいい、と切り捨ててしまうような、今の社会や文化のありようにも抵抗がある。

今回は母を登らせるために河崎さんが連れていくと言ってくれているのだから、お言葉に甘えるのもいいのではないかと私は思った。

母と私は、普通の親子とはかなりかけ離れた関係だったかもしれない。育ち盛りのころから、私は学校のために親元を離れている。そのせいか、それぞれの生き方を尊重する、友だちのような仲のいい親子だった。少なくとも父がいなくなるまでは。

当時七十三歳だった母も北八ヶ岳でデビューを果たす。
坪庭付近にて

私が子供のころの母は父を立て、明るく家を守るという一般的な〝日本の母〟だったような気がする。それがいつしか、とても外向的になっていった。横浜で生まれた母にとっては、伊豆の田舎での暮らしは楽しくなかったようで、しきりと横浜の良き時代の話を聞かせてくれた。

そんな母はおしゃれで、陽気で、外へ出ていくのが大好き。そして家事は嫌いだった。

地味で、目立つのが嫌いで、おしゃれでもなく、家の中のことをするのが好きな私とは正反対の人間だ。腹が立つとよく、

「私は召し使いの星のもとに生まれて、あなたは女王様の星のもとに生まれたのよね」

と母に嫌味を言ったりしたものだ。もし母が女優だったら、ひょっとして私よりもましな女優になったのではないかとときどき思う。

十二歳で家を離れた私は、普通母親を見て覚えることを、寄宿舎の舎監の先生や賄いの先生から教わった。仕事を始め、経済的にも独立して、かなりたってから再び同居するようになったので、母と家事のやり方がことごとく違って、いつの間に

か主婦の立場が逆転した。

私は母を「お母さん」と呼んだことがない。幼かったころは「お父ちゃん」「お母ちゃん」と呼んでいたが、物心ついたころから恥ずかしくなってしまった。といって、急には「お父さん」「お母さん」とも言えなくて、それ以来なんとも呼んだことがないのだ。他人に対してはしかたなく「父」「母」、面と向かっては「ねえ」とか、「ちょっと」とか、「あなた」とか、照れ隠しの呼び方しかしていない。

さすがに最近はなにかいい呼び方はないかと考えるのだが、これも今さら変えるのも恥ずかしいので困っている。結婚して子供でもいれば自然に変わっていけるのに、あまりにも長くなった女同士の付き合いは、ちょうどいい間合いの居場所を見つけられないで、なかなか難しいものになっている。


さて、安達太良山の麓、磐梯山を見はるかす沼尻高原にある田部井さんのロッジにお邪魔した。

河崎さんと奥さんの厚子さん、ロッジの鴇巣《とうのす》忍さん、宮下美香さん、母、私の六人は磐梯山頂上を目指すために八方台まで車で向かった。登り二時間、下り一時間半ぐらいの行程だから、ゆっくり行って帰れると安心して出かけた。深いブナの森の中、穏やかな木もれ日を浴びて、親しい仲間の温かい雰囲気に包まれながら、のんびりと登っていった。

河崎さんは釣り名人だし、山菜名人、スキー名人でもあり、自然の中での遊び名人である。

ブナ林を抜けて、見晴らしのいい稜線に出て麓を振り返ってみると、五色沼、檜《ひ》原《ばら》湖、小野川湖、山菜採りに行った懐かしい秋元《あきもと》湖など裏磐梯の湖沼群が、宝石をこぼしたように足元に散らばっていた。西に飯豊《いいで》山、東に安達太良山、北に吾妻《あづま》連峰が横たわり、素晴らしい景色である。

弘法清水から山頂へのかなり急な登りを、みんなで母を励ましながら登った。

一八一九メートル、磐梯山の頂上にやっと到着。日光、南会津、飯豊、吾妻、安達太良の山々が一望できる三百六十度の大パノラマをほしいままに、頂上の標識の前で記念写真を撮った。

鶫巣さんは車を回してくれるために先にひとりで下山していった。細かい心遣いがありがたい。シャラシャラと霧雨のような雨が降ってきて、下りはちょっと気が重かった。

案の定、ガレた斜面を雨に濡れながら下りていくのは、突然大変な行動になってきた。母の手を取って、一歩一歩足元を確認して下りるのは、普通の倍以上の時間がかかり、母を下ろすことだけに神経を集中しようと覚悟を新たにした。沼ノ平のあたりではやっとひと息つけるところなのだが、霧にかすむミヤマキンバイも神秘的な湖沼群も、あんまり印象に残っていない。

赤埴《あかはに》林道に下る道は降り出した雨でツルツルになっているし、日が段々に暮れてきて、最後には、左手に懐中電灯を持って後ろの母の足元を照らし、自分のヘッドランプで自分の足元を照らして、一歩を確保すると、今度は母の足元に自分の足で踏み場所を作って、そこに足を置いてもらい、また自分の次の一歩を探すといった状態になってしまった。日もとっぷりと暮れてしまい、やっと鵜巣さんの車が待つ林道の終点にたどり着いた。この日一日付き合ってくださった全員に心から感謝した。母にとっては素晴らしい記念の登山になったに違いない。

「楽しかったわよ。先生はもう山は無理だろうって言ってたけど、まだ登れたわ！」

晴れやかに、母は友人に報告の電話をしていた。

「ああ！」

電話のこちら側では深いため息をつく私がいた。

このとき、母は八十歳になろうとしていた。

ここ数年の母を見ていると、「若い」と言われることに、無上の幸せを感じているようだ。確かに母の同級生の中ではダントツに若いと身内ながら思うが、そのためにちょっと無理をすることもあるので、そばにいてはらはらする。でも私は母を見ていて、自分が老いるということのシミュレーションをさせてもらっているようなところがある。

母は父が存命中、父がいなくてはなにもできない人のように見えていた。六十代後半から七十歳になるかというころ、長年「自分の好きなことをやりなさい」と言っていた私の言葉を聞いたのか、やっと好きなお稽古ごとを始めるようになった。

父が逝ってから本当にいろいろと新たなことにチャレンジし出し、おそらく「どうしてもっと早くやらなかったのだろう」と思ったのではないだろうか。

私がスキーを始めたときに、母は七十代後半だった。「もう少し若かったらスキーだってできたかもしれない」と思っているのが手に取るように感じられた。それを見て、私も今からできる限りやりたいと思うことはやってみようと思ったのだった。

スキーも今からやっておけば八十歳になってもできるかもしれないが、八十歳から始めるのは制約が多すぎる。それにしても、自分は滑らないのに、滑りに興じる私たちの写真を撮るために、徒歩でゲレンデを横切っている母の姿にはガッツがみなぎっていた。こんな母の遊びなら、できる限り長く続けさせてあげたい。

「やっぱり先生の言うこともっともだから、一応高い山はもうやめるわ」

友人にはああ言っても、これを最後にしようということなのか。

それでも河崎さんは懲りずに、「今度は西吾妻に登ろうか？」と誘ってくださる。

本当にありがたいことだ。

地味な女優

「主役」という小山の頂点のような位置に立ったとき、その先にも、まわりにも、もっともっと先の世界という舞台にも、想像もつかないくらい高い山がたくさんあって、それぞれにピークがあることは分かっていた。そして、自分が登りつめた山の、あまりのささやかさにある種の感動を覚えた。

私の実力ではせいぜい越えてもこの山くらいだな。だったらこの小山の頂点が自分の最高地点でいい。高さや人の評価ではなく、自分がどれほどいい時間を過ごせたかが大事だと思ってきた。冷静といえば冷静だが、俳優としては欲がないのだろう。

山登りなどまったくしたこともなかったときに、こんなことを考えていたのだから不思議である。

「この子、スターになれるよ」

「十七歳って歳ごまかして、ミニスカートはいて歌唄わない？」

「売れるはずなんだけどねー。もし売れないとしたら、自意識が強すぎるのか、どっちにしても本人の性格なんだよねー」

まるで娼婦でも値踏みするように、頭のてっぺんから爪先まで見つめる大人の目。なんだかとてもいやだった。

——この世界って、人格は関係ないのかなあ。

私はスターになりたいわけではなかった。そんな器じゃないと思っていた。普通の人間だったのだ。でも俳優の世界で、普通なんて誰も求めてはいなかった。

女優イコールわがまま、高慢、贅沢。だからこそ人を惹きつける魅力があるといわれている。毒のない女優なんて魅力があるはずがない。なのに私はそんなもの、なにも持ち合わせていなかった。

ときがたって、私の本質はなにひとつ変わらなかったのに、庶民的とか、女優らしくないのが魅力とか、知らないうちに見る側が変わっていた。変だなあと思っていた。この世界で生きていくのなら絶対に自分の基準をもって、常にその基準に照らし合わせて、行きすぎていないか、ずれていないかチェックしようと思っていた。私の生活の「ものさし」は、学生時代からの友人たちだった。親戚以上に親しくしている彼女たちとは、十三歳からの長い付き合いだ。半分は普通の主婦、残りの半分は独身だが、生活感覚は普通の主婦以上に普通の人たちなので、彼女たちと感覚がずれたら「私が変なのだ」と決めていた。一時的にしろ、常識はずれな金銭が飛び交う世界に身を置いている私にとって、特に金銭感覚がずれてしまうのが一番怖かった。

山に行くようになってから私の生活基準はもっと厳しくなり、その範囲はゴミ問題にまで及んでいる。最近、ＯＬの友だちに「ＯＬより地味な生活をするな」と言われるくらいなのである。

「あいつ、猫にやるなんて言ってるけど、あんなにいっぱい持って帰って、本当に猫にやってるかどうか。自分で食べてるんじゃないか？」

野良猫のために、手をつけていないお弁当をもらって帰ったある女優に、周囲が投げかけていた言葉だった。

こんな仕事場ではとうてい「ゴミを持って帰りましょう」などと言えない。

地味な生活をしている私は、以前よりリサイクル、リユースにつとめている。

さすがに仕事場ではそれぞれの役割分担があるのでゴミ処理はおまかせしているが、仕事以外の場では、出たゴミの分別廃棄ができないようなら、できる限り持ち帰って、回収してくれる場所まで運んでいる。

みすみす資源になるものを捨ててしまうのはもったいないと、昔、祖母が言っていたのを嫌がったのは誰だったかしら？　と思うほど変わってきているのだ。こんな女優って、少し変？

実際に私がどうやって分別廃棄を心がけているかというと、まずは、いらないものは買わないようにしている。買うときはよく考えてリサイクル、リユースできるものを選んでいる。

次は不要なものは家に持ち帰らない。十年ほど前には、デパートで「包装しないでください」と言うと、とても迷惑そうな顔をされた。しかし、ここ四、五年はやっと「簡易包装にご協力ありがとうございます」と言われるようになった。そもそも、仕事場にポットを持ち歩いて、できる限り使い捨てのゴミを出さないようにしているが、家でもすでにゴミとなってしまったものは、瓶、缶、紙類など材質ごとに分けて置く場所を決め、まとめて区のリサイクルセンターに持っていく。

ただ、現実に役所が受け入れている時間に、分別ゴミを持っていけない人がたくさんいるから誰にでもすすめられるわけではないし、それに無理矢理やれと言われても楽しいことではない。でも、やり出すと結構楽しいことで、成果が出てくると、とてもいいことをしているようで気分のいいものである。

また、いただきものも、本当に親しい人には形の残るものはできるだけお断りする。失礼にならないように相手に分かってもらうことと、潤いがなくなりがちなのが問題だが、気持ちの表現方法は、一緒に旅行をするとか、食事をするとか、ほかに変わるものを考える。

さらに、使い捨てのものは使わないようにしている。山用のカップ、ポット、アーミーナイフなどは日常生活で大いに利用している。また、買い物には必ず買い物袋を持っていく。これは日頃、ザックやデイパックの類を持っているのであらためて持ってはいかないが、たまに忘れたときに袋をもらうのがとても辛い。というのは、ぼーっとして「袋、いりません」と言う前に詰められてしまうことがあるからだ。店員は天才的早業で詰めてしまうので、レジではぼーっとなんてしていられない。

「おねえさん、戦後の買い出しみたいだねえ」

ザックにいっぱいの野菜を背負ってると、こんな声をかけられることがある。ご近所のコミュニケーションだと思って楽しんでいるが、ときどき近所のおばさんに、

「女優なんだからきれいにしなさいよ」

と怒られる。

確かに彼女の言葉は、一般的に誰もが抱いている女優に対するイメージだ。しかし、山に登るようになってから、生活のほとんどはパンツやTシャツなどのような山のウェアで過ごしている。外出着も対外的に許される限りアウトドア・ファッションである。

というのも、山のウェアは素材が良く、耐久性、機能性の面で優れているので、一度着るとその快適さにやみつきになってしまうからだ。そして、なによりもシンプルである。ニュージーランドに行って以来、「シンプルな生活」が私の理想になっている。

というわけで、そんなシンプルなファッションで野菜を背負っているのだから、

近所のおばさんが「女優なんだから……」と言うのも無理はない。

ついでながら、靴についても同様のことがいえる。足をのびのびとさせるペタンコ靴（スニーカーやウォーキングシューズ）を毎日履いて闊歩している。背が低いので、ハイヒールで少しでも高く見せようと、五センチ以下のヒールを履いたことがなかったかつての私からは想像もできない。

登山靴を初めて履いたとき、自分の足が大きく見えて、なんて不格好なんだろうと思ったものだ。それが、いざ登山靴で山道を歩き始めると、まるで大地を摑んで歩いているという感じがした。実に心地良かった。今までのハイヒールが、いかに不自然な状態だったのかが初めて分かった。ハイヒールを履いた女性のきゅっとしまった足首に色気を感じる、なんていわれてちょっといい気になっていたが、あれは実は女性をしばりつけておきたい旧世代の男の陰謀ではなかったのかしら？

山を筆頭にいろいろなスポーツをやればやるほど、私の靴箱からハイヒールの姿が消えた。今では仕事用に最低限必要なハイヒールを残すのみとなっている。そして、二十一センチだった私の足が二十二・五センチに成長していた。

一年の三百六十日も休みなく、お金を遣う暇もないほど働いていた時期があった。

ばかばかしいことだが、なんだか自分が無性に可哀相になって、自分自身をほめてやるつもりで宝石を買ってみた。よほど淋しかったのか、そんなことが数年続いた。その熱がおさまったとき、前より、もっと淋しい感じになった。

ものでは幸せにはなれなかったのだ。

山に行けば宝石類なんてなんの価値もない。季節ごとに彩りを変える草木、風雪に耐えて可憐に咲く花々……それらのほうがはるかに美しい。

こんな美しい自然にできるだけダメージを与えないで人間が生きていくには、すでに作ってしまったものを再利用していくのもひとつの手がかりだと思っている。自然に優しい、なんてコピーは人間の傲慢だと私は思う。自然は人間が存在する前からあったもので、私たちは、自分たちが生きているホンのちょっとした時間、いさせてもらっているだけではないか。地球の自然環境に守ってもらい、人間がやっと生きているにほかならないのに、こんなこと言っていいのかしら？　せめて、リサイクルにしろ、ゴミ問題にしろ、できることからやっていくしかない。

明治の頃に廃仏毀釈の影響からか無理矢理本堂を作り変えさせられたという、静岡県袋井市の西楽寺というお寺に数年前に行ったことがある。檀家の人たちは本堂を元の形に戻したいと集結し、復元への運びにこぎつけた。本堂を壊してみると、なんと天井裏に元の部材がすべて残され、復元可能なように符号がふってあったそうだ。おかげで寸分違わぬ形で復元できたという。私はそのお祝いの文化財シンポジウムに招かれたのである。

最初に本堂を作った職人の気概、壊さなければならなかった職人の無念の思い、再現しようと思った檀家の人々の熱意、復元に携わった現代の職人の思い……。見事に復元された西楽寺を見ていると、〝モノ〟には作った人々の思いが込められていることを、ひしと感じた。この使い捨て時代に無言の警告を発しているかのように、西楽寺は静かにたたずんでいた。

このところ、自分がやりたいと思っていると、必ずその方向に行く手を示してくれる人たちに出会う幸運に恵まれている。特に山登りを始めてから、そんなことが立て続けに起きて、人生はああなりたい、こうなりたいと願っていても無理なときにはならず、ときが熟せば必ず開けると、運命論者ではないが思っている。やりたいけれどできないのは、今がそのときではないのだと考えるようにしている。

人の思いを大切に、自分の心に忠実に、常にアンテナを立てて、情報はキャッチして、あせらずときを待つ。自分の心のありようさえ澄んでいれば、都会にいても充分に自然を感じられるし、考えようでいくらでも幸せだと思える。

自分の求めるもののために長い休暇をとってニュージーランドに行っていたとき、真剣に、「半年も日本を離れていたら、動きの早いこの世界ではすぐ忘れられちゃうよ」と助言してくれた人がいた。しかし、私は「そうかもしれないなあー。そうだとしたらそれも私の運命だろう」と思った。人が絶賛してくれることより、自分が認める自分でいたかったのだ。仕事をセーブしてでも、やりたいことをやらせてもらっている今は、以前よりももっとわがままになったといえるかもしれない。

しかし、こんな別の世界をもつことで、女優業も少しは楽にできるようになってきた。自分が自分のままでいいのなら、演じることも悪くはないと、三十年もたってやっと納得できるようになった。

自分という〝おもちゃ〟

「エネルギーサロン」というラジオ番組を五、六年前からレギュラーでもっている。原子力のしくみの話や、発電所の話の中に、人間もほかの生物も、生命のあるものはすべてエネルギーであると、かなり広義にとらえて、各分野の専門家のお話を聞く番組である。この番組をやっていると、山で感じたいろいろなことがとても役に立つ。できるだけ外部エネルギーを使わずに、できることを増やすという考え方もこの番組から教えられた。

我が家は二世帯住宅だが、私のスペースは、日が当たる時間が限られるので冬は寒い。反対に母の住んでいるところは、日当たりが良すぎて夏は暑い。ある猛暑の夏、クーラーをつけても三十数度から絶対に下がらなかったので、「窓を締め切って、そよとも風が吹かない三十数度」と、「窓を開けて、熱風でも風が動く三十数度」のどちらがいいかを試してみた。結果、風のあるほうを選んだ。以来、真夏でもほとんどクーラーを使わないで、ぼたぼた汗を流しながら暮らしている。慣れてしまうとそれなりに気持ちのいいものだ。冬は体を動かせば、すぐ温まるので暖房は少なくてすむ。

たとえばプールに行くとき、車に乗って行くのはスポーツという目的を考えるとどうもおかしいので、よほど忙しいとき以外は歩くようにしている。歩くと、冬でも着くまでには汗をかくほど温かくなり、ウォーミングアップがいらなくて一石二鳥。するとほかにも歩いて行きたくなって、どこへでも歩くようになり、とにかく健康になった。

外的エネルギーを使わずに自分を使うこと。自分の能力はまだまだ未開発部分がたくさんあって、使い始めると知らなかった未知の能力がたくさんあることに気がつくはずである。私など本当になんの能力もないのに、意外にいろいろなことができたし、まだまだ余剰能力があると思う。使っていくと、自分ってなかなか面白いと気がつくはずだ。今、私は、自分という〝おもちゃ〟をうまく使って、長く楽しみたいと思っているところである。

カヤックは外的エネルギーを使わないで、荷物を積んで移動ができる。あまりにも小さいから自然との一体感をもてるし、自然は怖いという当たり前のことを常に感じていられる。常に危機管理が必要だけれど、シンプルで楽しい遊びだし、移動手段に役立つ。

そんなカヤックを楽しみ、同じ心をもつ人を迎え入れているひとりの男が南伊豆にいる。彼は「ここにはなんにもない。だから素晴らしいんだよ」と、南伊豆の豊かな自然に惚れ込んで、二十年がかりで住み着いた。長い間、他と隔絶されて生きてきた地元の人の中に、よそ者が入り込むための戦いの二十年。なんとしてもこの素晴らしいところに住みたいという執念の時間だったようだ。そこは駿河湾と太平洋がひとつにまじわる、海が目の前に開けるユートピアだ。

私はそこに、ほとんど自然にダメージを与えないカヤックで行ったことがある。海から見る伊豆半島の西海岸は、切り立った崖が時間をかけて造形された、彫刻のような美を誇っていた。太平洋からの海流が入ってくるところなので、ときとして波はかなり荒くなる。小さなカヤックで海に浮かんでいるのは、大自然と一体になれてとても気持ちがいいが、常に緊張感をもち続けていなければならない。

その日は天気は最高で波も静か。伊豆のいまだに残る秘境を満喫した一日となった。しかし、欲張っていろいろなところで遊んでいたので、気がつくと日が西に傾き始めていた。

「あ、いけない」と思って急いで浜に戻ろうと思ったときはもう遅く、波は急に大きくなっていた。大きな波に翻弄されながらも、必死になって浜に向かって漕いでいると、三角波の頂点に乗ってしまったらしい。私にしてみれば「あっ！」と思ってヒョッと体をひねったら、元に戻ったのでなんともなかったつもりだが、見ていた九里君ともうひとりの友人は、「あわててレスキュー体勢に入っていた」と言っていた。とにかく、なんとか窮地は脱して、海からしか入れないような崖の下にある露天風呂に西日を浴びながら浸かり、またしてもこの世の極楽を体験した。

ニュージーランドの友人たちには、南伊豆の彼のような人は少なくない。気に入った土地を選んで、なにもないところを開墾し、電気を引いて、たいてい自分で家を建てて住んでいる。雨水だけで暮らしている人もいる。

なにが一番大事かということがはっきりしているのだ。大自然があって、自分がそこにいて、気持ちがいいかどうかがポイントなのである。便利であるかどうかは、あとから自分が造り出していくことらしい。みんな、人里離れた森の中だったり、海を見下ろす断崖の上だったり、それぞれ本当に素晴らしく個性的な家に住んでいる。彼らはそれほどお金持ちではなさそうだけど、絶対に豊かな生活をしている。私にはいつも「働きすぎてはダメよ」と言い、「あなたが忙しすぎないように祈っている」と手紙に書いてくる。

なぜ日本人はあくせくしてしまうのだろう。せっかくくつろぐために旅行に行っても、観光のために毎日走り続けてしまったり、山や自然を愛する人でも、百名山ブームのように、まるで記録に追いかけられるように登り続けてしまったり、遊びまで勤勉でなければならないのだろうか。

自転車やカヤックで、のんびり、のーんびり旅行をする。そんな日本人がたくさんいるなんて時代は来ないのだろうか。旅をするなら、そんな旅をしたい。

自然を通じていろいろな人と知り合った。田部井さん、九里夫妻、百名山百二十三日連続登頂の重廣恒夫さん、〝さすらいのバックパッカー〟シェルパ斉藤さん、作家の夢枕獏さん、冒険ライダーの風間深志さん、登山用品メーカー社長の辰野勇さん、山村レイコさん、ヨットで単独無寄港世界一周を達成した今給黎《いまきいれ》教子さん、ナチュラリストのジャック・T・モイヤーさんなど、数えきれない大切な友人たち。この人たちは、もちろんみんなそれぞれの世界で忙しい人たちなのに、共通してのどかな顔をしているような気がする。好きなことを一生懸命している、子供の顔なのではないだろうか。

モイヤー先生は、私がニュージーランドでまだ自分の居場所がなくて悲しくてしかたがなかったとき、彼とともに番組に出るために彼の著書を日本に戻る飛行機の中で読んだ。日本に外国人が少なかったころの三宅島で、異邦人として苦労しながらも日本を愛してやまなかったと書いてあったところで、自分に感情移入して、機内であることもはばからず泣いてしまった。そのことを話すと、あの優しい目でとても喜んでくださり、いつでも友だちでいると言ってくださった。

さまざまな場でみんなに会えるのはとても幸せである。

昨年（一九九八年）、そうそうたる冒険家が揃うお祭りがあると聞いて、自主参加してしまった。主催者は辰野勇さんだった。彼はクライマーでカヤッカーで、冒険家でもあるが、最近は音楽家でもあるらしい。あるパーティーで初めて会ったとき、ケーナを習い始めたばかりだった辰野さんはお祝いに吹きたいと思ったらしい。

でも、誰も指名してくれないから、知人に「『どうしてもみんなが聞きたいと言っているから』と言って紹介してくれ」と頼んでいるところを目撃してしまった。頼まれた知人は「辰野さんが『みんなが聞きたいと言ってると言ってくれ』と言うから」とそのままマイクで紹介してしまい、会場は大爆笑。

辰野さんのケーナははっきりいってうまくはなかった。でも会場は温かい雰囲気に包まれ、彼の愛らしい人柄がにじみ出たひとコマであった。

夢枕獏さんも『神々の山嶺』のような小説を書く人とは思えない、ほんわかとした温かい人で、やはり子供のような顔をしている。

エベレストを含むヒマラヤの山々だけは、力があっても神に選ばれた人しか行けないところと思い、自分には無縁のものと決めていた。それなのに、獏さんの『神々の山嶺』を読んで、命を賭してまで行きたい人の気持ちが分かってしまったのだ。これは困ったことだ、分かってはいけない気持ちを獏さんの本からくみ取ってしまった。いつの日か、後顧《こうこ》になんの憂いもなくなったら行ってしまうかもしれない。

それでもやはりエベレストは誰にでも行けるところではない。危険と隣り合わせにあるようなところを、あたかも安全のようにしてしまうのはかえって危険ではないか。どうしても行きたければ、きっと行けるようになるために自分自身を鍛錬するはずだし、どれほど鍛錬しても、運命としかいいようのない大自然の摂理で行けないこともあるし、命を落とすこともある。それでも自分が行きたいと思えば、命を賭ける覚悟で行けばいいと自分にいいきかせている。

それにしても、「僕は軟弱だから厳しい山登りはしないんだ。釣りならつき合うよ」

なんて言いながら、二十年もかけてあんな本を書くなんて、獏さん、カッコ良すぎる。『神々の山嶺』は私に深いところで影響を与えてしまった。

天城、原風景の旅

グループサウンズといわれる音楽がもてはやされていた学生時代、軽薄にしか思えなくて大嫌いで聞いたことがなかった。それなのに、大人になってかなりときがたってから、カラオケで二十人ぐらいの男性たちがコーラスしていたザ・ランチャーズの「真冬の帰り道」を、涙が出るほど懐かしく聞き、なんと歌詞まで覚えていたのである。嫌い、嫌いと言いながら心にしっかり残っている。へそ曲がりだったのかもしれない。

そもそも、あんなにも忌み嫌っていた田舎が好きになっている。嫌いだったバッタやイナゴ、セミも、今は、命あるすべてのものは人間と同じだと思えるようになった（蚊、ハエ、ゴキブリ、蛇は例外だが）。

山や自然に入っていくことによって、木や花や、野生動物のなにもかもが、すべて同じく生きているものと感じるのは自然の成り行きだと思うのだが、「生まれ育った伊豆の我が家のまわりの原っぱ」と無関係ではないかもしれないと思うようにさえなっている。

私の故郷である伊豆は〝しろばんばの里〟といわれるような里山に特徴があるように思う。山なんかなんのなじみもなかった子供のころの私にも、海を眼下にして、段々に田圃が延び、ススキが茫々と生え、いずれは山になっていく西伊豆あたりの、日が沈む時分の冬の風景は美しく感じられ、いつまでも心に刻まれている。

故郷が嫌い、田舎が嫌いだったのに、九里君たちと天城《あまぎ》山に行こうということになった。

天城山は子供のころとても遠く感じていた。家があった修善寺から下田に行くときに通る、鬱蒼と山深い場所だった。バスが二台すれ違うのも大変な、細い細い峠道をすり抜けていく、鼻の長いボンネットバスの中で、「下田に行けば大きな海老の入った天丼が食べられる」と、あまりにも幼い喜びにあふれていたのを懐かしく思い出す。修善寺から下田まで三時間はかかっていたころのことである。

思い出の中のものすべては、まるでアリスの不思議の国のように、実際よりずいぶんと大きいものだが、伊豆ももちろんのこと、道幅も距離も実際はすべてが想像以上にコンパクトだった。しかし、シンボルの富士山だけが例外的に昔から変わらずに大きい。たぶん成長に応じてそのときどきに富士山に触れているから、大きさを自分の中で軌道修正できているのだろう。

この日は快晴で、天城山登山口のゴルフ場のところから、まさに毎日通学途中に見ていたのと同じ角度に富士山が見え、本当によく青空に映えていた。

時間があったら、小学生のころ家族で行った八丁《はっちょう》池を見たかったので、天城トンネルのほうから登ってみたかったが、朝東京から来たのではとても登れない。一般的な万二郎《ばんじろう》岳（一二九九メートル）、万三郎岳（一四〇五メートル）をまわって同じ道を帰るコースをとった。

杉木立の中を一度下りきって、涸沢まで六十分と書かれた分岐に出た。右回りに万三郎を先に登るコースを行くが、ヒメシャラの林が伊豆らしくいい感じだ。うちの裏山にはヒメシャラはなかったが、木立の感じがとてもよく似ていて、探検隊を作って名もない山に登っていたことを思い出した。

「三本松探検隊」子供だけで作った小さな探検隊だった。

お向かいに、私より六歳上のお姉さんから四歳下の女の子までの四人兄弟の一家が住んでいた。二番目の優子ちゃんが私の親分だった。いつも泣かされていた弱虫の私を守ってくれたり、叱咤激励してくれたり、なにをするのも、後ろにくっついて遊んでもらった、尊敬すべきお姉さんだった。

「できないからもういいよ。やめて帰ろうよ」と泣きべそかいてもお構いなしに、「もう一度！」と自転車の乗り方を教えてくれた。

その優子ちゃんをリーダーに作られたのが、「三本松探検隊」だった。優子ちゃんの弟や妹をはじめ地元のいたずらっ子までを従え、そのドンジリに私がくっついていた。金山の廃坑の跡や、金泥を捨てた埋め立て地、三本松が生えているだけのただの裏山などが遊び場だった。登山道なんてなかった。炭焼きのおじさんや山菜採り、キノコ狩りの人などが踏み固めたような道があっただけだった。その道なき道を踏み固めて登っていって、ついでに自然薯《じねんじょ》を掘って持ち帰ったなんてところが探検のほぼ全容だから、たいしたことはないのだが、あんなこともしないでめそめそしていただけだったら、今の私はなかったかもしれない。あの裏山にも登ってみたいと、ふと思った。

さまざまな思い出を懐しみながら登山道を進む。道はまったく手つかずのように見えるのだが、それとなく手入れされていて好ましい。はしごを登ると右側が結構切り立っていて、遠くに中伊豆の町の展望が開けてきた。ほとんどが山の中なので展望はあまり望めないから、麓の町が見えると嬉しい。涸沢二十五分の標識を過ぎると、大岩雪崩跡のようなところに出て、ところどころに目印はついていたのに、道を見失ってしまった。

「あれー！　迷っちゃったわー！」

すぐ上に印を見つけて戻ったものの、裂けたように切り口をさらしている五、六十センチ角の大きな石が組み合わさった道は踏み跡がなく、人にも全然会わない。

「ひとりだったら迷い込んでしまって怖いわね」

と、九里君に言うと、

「そんなオーバーな」

と笑われてしまった。

たいしたことないだろうと甘く見ていたかもしれないが、かなり急な登りもあって、よっこらしょと涸沢分岐に着いた。

ヒメシャラや、そして季節だったら最高にきれいだろうと思われるシャクナゲの原生林を抜けて、やっと万三郎岳の頂上に到着。

美砂ちゃんが買ってきてくれたフランスパンにハムや野菜をはさんでサンドイッチを作って食べたが、簡単でおいしい食事だった。それまでは誰にも会わなかったのに、この頂上には学生らしき男の子二人連れと女性数人の二組ほどの小グループがいた。彼らは私たちと反対回りで来たようだが、道に迷ったあたりを下るのはきつそうだから、私たちのコースは正解だった。

「万二郎、万三郎は富士山と三兄弟で、長男で一番高い富士山に焼餅を焼いたどちらかが、夜中に行っては頂上を削って低くしようとしたが、山頂がギザギザしてかえって美しく見え、遠くから見たら高さはほとんど変わらないのであきらめた。そのときに捨てた土でできたのが愛鷹《あしたか》山になった」

確か、このような万二郎・万三郎の伝説を聞いた記憶がある。「ひとーつ雲雀《ひばり》は雲の上……」で始まる富士山の数え歌とか、昔の記憶はどこで誰に教わったのかはまったく覚えていないのに、妙に細かくておかしなことを覚えているものだ。

帰り道は、いきなりの急な下りを、頭に響きそうにズンズンと力強く下っていく。ここからは海が一望できる気持ちのいい道で、来た道とはまったく趣が違っていた。以前、九里君と行ったハワイのハウウラ・トレイルに似ていると思え、伊豆は南国なのだと再認識した。

日が少しずつ傾きかけ、海も徐々に夕方の色になってきて、実にのどかな雰囲気になったころ、目の前に急登の道が延びていた。「ああ、これが最後の登りだわ」と頂上目指して登っていったら、なんとまだ九百七十メートルもあるという。

海も見え、町も見えて、頂上も見える景色の抜群な岩の上でひと休みした。

空気に色があるかどうか分からないが、伊豆の山には温かい伊豆の色があるような、私にははっきりと、ほかの山とは違う色が感じられた。日の光も、木の形も、なにをとっても角の取れた柔らかいものだった。伊豆地方は、気候が温暖だから努力しなくても食べられるので、昔から偉人が出ない土地柄といわれてきたが、気候だけでなく、すべてのものが発するのんびりした雰囲気のせいかもしれないと思った。

万二郎の頂上は「えっ、これが?」とビックリするほどそっけなかった。眺望も

天城山にて。
かつて登る対象として考えたこともなかった故郷の山に、今、私がいる

きかず、ひと休みするスペースがあるわけでもなく、まったく面白味のない山頂だった。それでもなんだか、故郷の山に登ったという満足感はあった。

下山後、みんなにつき合ってもらって、生まれた家に寄ってみた。庭の一部と門構えを残して家は建て替えられていた。その新しい建物を見つめていたら、懐かしいやら、情けないやら、なんだか父に申し訳ないことをしたような慙愧《ざんき》に堪えない気持ちが湧いてきて、黙ってたたずんだ。私の大好きだった裏庭の桜の木もなくなっていた。

裏山への道を探したり、かつてタケノコ採りをした温泉の源泉の裏道を登ったり、鰻や食用蛙がいた沼の埋立て跡などをうろついたり、よく遊んだ原っぱを歩いたり、自分の原風景をしばらく散策してみた。

すべてが記憶の中のものより小さかった。

家を手放してから何度もここを訪れているのに、今回の訪問は今までとなんだか違うものを感じていた。どうも、自分自身の感じ方がだいぶ変化しているようだ。これまではただの郷愁だけだったのに、今回はなぜか無性に辛くせつない。そんな自分に戸惑ってもいる。体の奥底から突き上がってくるような、今まで感じたことのない感情を、自分に対して整理も説明もできない。

一歩外に出れば富士山が見通せる、高台の元我が家。学校への行き帰りに富士山よりなじんでいた城山《じょうやま》が、今やロッククライミングのメッカとして有名になっている。そんなものを毎日見ながら暮らしていたことに、今の自分につながるなにかがあるのだろうか。

あんなにも忌み嫌い、自分の中で封印していた故郷。故郷とは人にとってなんなのだろう？　なんだかずっしりと重いものに触れてしまったようだ。

天城山の山行は、山そのものよりも、私の原風景を見つめる旅になってしまった。

あとがき（初版より）

十年前に山に登っていなかったら、女優を辞めていたかもしれない。いっけん何の関係もないような山と女優業だが、幸か不幸か密接に結びついてしまった。

少なくとも山に登らずに、今、この歳を迎えていたら、本当につまらない人生だっただろうとゾッとする。それほどに自分の生活や考え方に多大な影響を与えられた。特に山でなくてもいいけれど、自然の中に秘められた、なにか計りしれないものに対する、畏敬の念をもって生きてもいいのではないかと思っている。不必要に自分を大きく見せることなく、小さく小さく生きていきたい。それには山は本当にいい基準になってくれる。山に行って虚勢を張っても始まらないし、徹底的に自分の小ささを教えてくれる。そして辛いことを乗り越えたとき、なかなかやるじゃないかとほめてもくれる。

山とはあまり関係がないが、私は今、人の心のありようを勉強し始めている。それは、自然に導かれて出会った人たちがもたらしてくれた世界だ。

父の病床に二カ月間付き添って、父の跡を継いで医者になればよかったと初めて後悔した。今からでも本気にやりたいと思うならできる。でも今から医者になって社会に役に立つようになるには時間がかかりすぎて、少しもったいない。

阪神大震災のとき、被災者ではないが徹底的に自分の無力さを思い知らされ、なにかをしたい、なにができるだろうかと考えた。そんなときに行ったニュージーランドで知り合った少年が、カウンセラーである彼のおばさんを紹介してくれた。そこにはまた別の世界が広がっていた。カウンセリングの基本的な考えは、人の心は話を聞いてくれる人がいるだけで、かなりの部分は癒されるというものだった。それは、自分が体験してきたことだ。これなら深く落ち込んだ経験のある私にならできるような気がする。少なくとも、一度も落ち込んだことのない順風満帆の人生を送った人よりは、なにかできるのではないかと思った。いつの日か、「大学なんて」と思って行かなかった大学に行って、きちんと勉強し直したい。

ところで、私が子供のころに描いた未来の絵は、人間は地下に電化された便利な近代社会を作って暮らし、日の当たる自然のままの地上に動物を住まわせているものだった。描かれてはいなかったが、おそらく動物は人間が管理しているのだろう。要するになにも分かっていなかったのだが、あのころでさえ、同じ平面上では暮らせない日が来ると感じていたことが分かる。

小動物の命を守ろうという話になると、動物の命より人間の生活権だ、理想主義者が足元の大事なことを見ないで感情でものを言ってるだけだ、ととらえられることが多い。しかし、動物は可愛いから保護しなければ、というだけではなくて、彼らさえ生きられない地球にしてしまったら、人間は生きられない。小動物にしてもなんにしても、命あるものすべてが生きられる環境を残してほしいと思うのである。

こういうことは障害のある人や高齢者でも同じことで、一番弱者といわれている人たちにいい社会でなかったら、みんな生きていくのが大変になる。誰もが見えない障害はもっているし、必ず高齢者になる。大多数をしめる人だけに暮らしいい社会ではなく、少数の人の価値を、そのままに認められる社会は来ないだろうかと切望している。そのためにも、自分のできることを探してやっていきたい。


日本人はまだまだ頑張りすぎているようだ。

もっとのんびり、心の豊かさを見つめてみたい。競争しなくても、一番じゃなくても幸せにはなれる。

私はもう頑張らないと決めた。自分らしく〝ポレポレ〟(ゆっくり)行こうと思っている。

こんな小さな私でも、やろうと思っただけでこんなに変わることができた。少しでもそのへんのことがみなさんに分かっていただけて、もう歳だからなんて思わずにみんなで幸せになれたらと、おこがましくもこんな本を出してしまった。

一緒に遊んでくれて、この本のできるまでにさまざまな助言をくださった九里徳泰、美砂夫妻、田部井淳子さん、書ききれなかったけれど、山を通じていろいろなことを教えてくれたすべての友人に感謝しています。

そして、この本を読んでくださる方すべてに心から感謝しています。

最後に、この本を、真摯な生き方を示してくれた亡き父と、女性として生きる見本をそばで見せてくれている母、ありあまる愛を与えてくれた二人に捧げます。

一九九九年四月

市毛良枝

文庫版のためのあとがき

気がつけば、初心者と言うには薹《とう》が立ったが、『山なんて嫌いだった』を書き終えた頃の清新なまでの山への恋慕は、今も胸にせまって私をキュンとさせる。

近年は、山ブームと言われ、山ガールなどという新しい冠をいただいた若い女性が大挙して山に押しよせている。まるでいっきに花が咲いたように華やいで、それは「良いこと。良いこと」とほくそ笑む。自然に身を置いて五感を研ぎ澄まし、何かを感じ取ってくれたら嬉しい。

さて早いもので、単行本出版からもう十二年。「続編を」と願いながら月日はあっという間に流れ、私を取り巻く環境は一変した。ここ数年は、親の介護というちょっと別の地表にどっぷりひたり、大好きな山が思うにまかせない。「仕方がない」などと言えば、罰が当たるか、「親不孝」とあちこちからお叱りの声が飛んできそうだが、細腕をふるってなんとか頑張っているのでそこはお許し願いたい。

この間で最大の思い出は、ヒマラヤの地に足を踏み入れたことだろう。実を言うと、『山なんて嫌いだった』を書き上げる作業と、ヒマラヤ行きの進展は、仕事の予定とにらみ合わせながらほぼ同時進行だった。

複数回の打ち合わせや校正を重ね、やがて自分の文章は携わるみんなのものになっていき、出来の悪い子が、人の手にかかって大人になっていくようにすっきりとした体裁を整え、よりよい道を探って進んだ。書く作業は孤独だったのに、一転不思議な共同作業だった。デザインや表紙を決め、なんとか先が見えてきたころ、仕事をひと月空けて疾風のごとく旅立つこととなった。

仕事関係者から、「日に焼けないでね」と釘をさされて、〝山なんて嫌いだった〟はずの私は、登山者憧れの聖地・エベレストに向かった。目的地はエベレストのベースキャンプ。初めてのネパール、初めてのエベレスト街道。まさか私がヒマラヤに行くなんて、周囲はおろか当人もびっくりの変化である。行程とほぼ同じだけひたすら歩く毎日。歩き出したら都会に帰るまでお風呂には入れない。歩けなくなっても、来た距離をまた歩いて帰るしかない道程。想像を超える領域に好奇心と不安が交錯する。それにも負けない頭でっかちの憧れを道連れにベースキャンプを目指した。

帰国とほぼ同時に単行本は世に送り出された。ヒマラヤと出版という初体験の大事業を終え、解放された気分も手伝って、俄然、山に行く機会が増えた。うすい酸素への耐性が残るうちにと、富士山に登りに行ったり、水が恋しくて沢登りに行ったり。乾いた空気のヒマラヤを体験した私を、しっとりとした日本の山は包みこみ潤してくれた。山は、確実にあるべき自分を取り戻す場所となった。

闇雲にいくつもの山に行き、人と出会い、語りあい、共感してきたこの数年。出会った人はみな一流の登山者たちであり、かけがえのない友となった。

いつも自分よりもすごい人と山に登れる私は幸せ者だったが、反面、いつまでも自立できないこどものように情なくもあった。そしていつの間にか、ある欲求がわき上がった。キャリアのある人々との登山は、贅沢でもあり、とても楽しくて幸せなのに、そこから脱却したくなったのだ。そのために思いえがいたのが、南アルプスをひとりでテントを持って縦走するという計画だった。無謀とも言える計画。出発前も、歩きはじめてからも、常に不安は道連れだった。恐怖と闘い、ささいなことで驚き、乗り越えた小さな困難に喜びを感じ、常に自分に問いかけ、小屋や道すがら出会った人と語り合った。それらは、思いがけない出会いとなって、大勢で行く登山とは違う山をあじわいつくすことが出来た。ああ、これが自分がしたかったことだとしみじみ思え、自分らしい登山スタイルを見つけられたことが何より嬉しかった。しかし、皮肉にもこのあとすぐ、環境に変化が起こり、〝私の山〟は遠ざかった。

この先なにが起こるかは分からない。人は人生を山になぞらえるが、生を見つめるという意味で同じだろう。今はしばらくこの状況に寄り添っていこうと思う。その中でもできることを見つけ、新しい道すじを描いていきたい。いつまでも胸キュンとしていられるように。

二〇一一年十一月　　市毛良枝

『山なんて嫌いだった』は一九九九年六月十五日に山と溪谷社より刊行されました。

山なんて嫌いだった

二〇一二年二月五日　初版第一刷発行
二〇二四年一月二十五日　初版第五刷発行

著　者　市毛良枝
発行人　川崎深雪
発行所　株式会社　山と溪谷社
郵便番号　一〇一—〇〇五一
東京都千代田区神田神保町一丁目一〇五番地
https://www.yamakei.co.jp/

■乱丁・落丁、及び内容に関するお問合せ先
山と溪谷社自動応答サービス　電話〇三—六七四四—一九〇〇
受付時間／十一時～十六時（土日、祝日を除く）
メールもご利用ください。
【乱丁・落丁】service@yamakei.co.jp　【内容】info@yamakei.co.jp
■書店・取次様からのご注文先
山と溪谷社受注センター　電話〇四八—四五八—三四五五
ファクス〇四八—四二一—〇五一三
■書店・取次様からのご注文以外のお問合せ先　eigyo@yamakei.co.jp

デザイン　岡本一宣デザイン事務所
印刷・製本　大日本印刷株式会社
定価はカバーに表示してあります

Printed in Japan ISBN978-4-635-04739-5